Meinem Vater und für Joe

KERBER
EDITION YOUNG ART

Rudolf-Scharpf-Galerie, Projektgalerie für
junge Kunst des Wilhelm-Hack-Museums

Alice Musiol
When Tears Don't Cry

Essay von / by
Judith Elisabeth Weiss
s. 7 / p. 16

Text von / by
Nicola Marian Taylor
s. 50 / p. 53

Gespräch / Conversation
Alice Musiol mit / with
Reinhard Spieler
s. 69 / p. 75

Herausgeber / Publisher
Reinhard Spieler

Vorwort

Im Mittelpunkt der Ausstellung *When Tears Don't Cry* im Wilhelm-Hack-Museum Ludwigshafen und in der Galerie der Stadt Remscheid stehen Zeichnungen, skulpturale Objekte und Installationen der in Köln lebenden Künstlerin Alice Musiol.

Basis ihrer künstlerischen Arbeit ist die intensive Auseinandersetzung mit der eigenen Biografie, ganz allgemein der Mensch, der sich stets zwischen dem Wunsch nach Schutz und Geborgenheit auf der einen Seite sowie der unausweichlichen Notwendigkeit von Veränderungen und Aufbruch auf der anderen Seite bewegt. 1971 im polnischen Katowice geboren, siedelte die Künstlerin im Alter von zehn Jahren mit ihren Eltern nach Westdeutschland über. So thematisieren ihre Werke den Begriff von Heimat, den Umgang mit dem Fremden und das Unterwegssein. Die Suche nach Schutz und Geborgenheit suggeriert eine Idylle, eine heile Welt, die sich als trügerische Konstruktion erweist, als eine illusionistische Stabilität. Dementsprechend vermitteln Alice Musiols Arbeiten zunächst ein Gefühl von Ruhe und Wärme, um dann jedoch, nicht zuletzt durch die Auswahl gebräuchlicher, fragiler Materialien, einen fragwürdigen und gebrochenen Eindruck zu hinterlassen. Sie gestaltet zum Beispiel den vermeintlich flauschigen Hochflorteppich aus zerbrechlichen Salzstangen und die Nachbildung ihres Bettes aus Knäckebrot. »Die Kunst ist als Reaktion auf innere und äußere Umstände immer schon Teil meines Lebens. Das Leben selbst gibt sozusagen mein Arbeitskonzept vor«, sagt Alice Musiol. Durch ihre Arbeit verwandelt sie das Alltägliche in beunruhigend Aufwühlendes.

Unser abschließender herzlicher Dank gilt in erster Linie der Künstlerin. Wie immer wäre die Realisierung der Ausstellung ohne die engagierte und kreative Mitarbeit aller Mitarbeiter der Institutionen nicht möglich gewesen. Ihnen, und allen voran Judith Elisabeth Weiss, die als Kuratorin das Projekt betreut hat, sei an dieser Stelle gedankt. Ein Dank geht zudem an die Galerie Peter Tedden, die mit einem Zuschuss die Übersetzung ermöglicht hat.

Reinhard Spieler
Oliver Zybok

Foreword

At the center of the exhibition *When Tears Don't Cry* at the Wilhelm-Hack-Museum Ludwigshafen and at the Gallery of the city of Remscheid are drawings, sculptural objects and installations of Cologne-based artist Alice Musiol.

At the basis of her artwork lies the intense examination of her own biography and of people generally, continuously torn between the longing for protection and security on the one hand and the inevitable necessity for changes and moves on the other. Born in the polish town of Katowice in 1971, the artist relocated to West Germany with her family at the age of ten. Her work thus picks out the notions of home country, dealing with the foreign and being on the move as central themes. The search for safety and protection suggest an idyll, an ideal world, which turns out to be a deceptive construction of illusory stability. Accordingly, Alice Musiol's works first convey a sense of calm and warmth to then, however, not least through the choice of commonplace, fragile materials, leave an impression of ambiguity and fracture. She for example fashions a typically bouncy raised rug from brittle salt breadsticks and a recreation of her own bed from crisp bread. "Art as a reaction to inner and outer contexts is as such always already part of my life. Life itself so to speak determines the concept of my work," says Alice Musiol. Through her work the everyday is transformed into something disturbingly unsettling.

In conclusion, our sincere thanks go first and foremost to the artist. As always, the realization of this exhibition would have been impossible without the dedicated and creative input of all staff members of our institutions. May thanks be extended to them all and to Judith Elisabeth Weiss in particular who has overseen this project as its curator. Further thanks go to Gallery Peter Tedden whose added funding made this translation possible.

Reinhard Spieler
Oliver Zybok

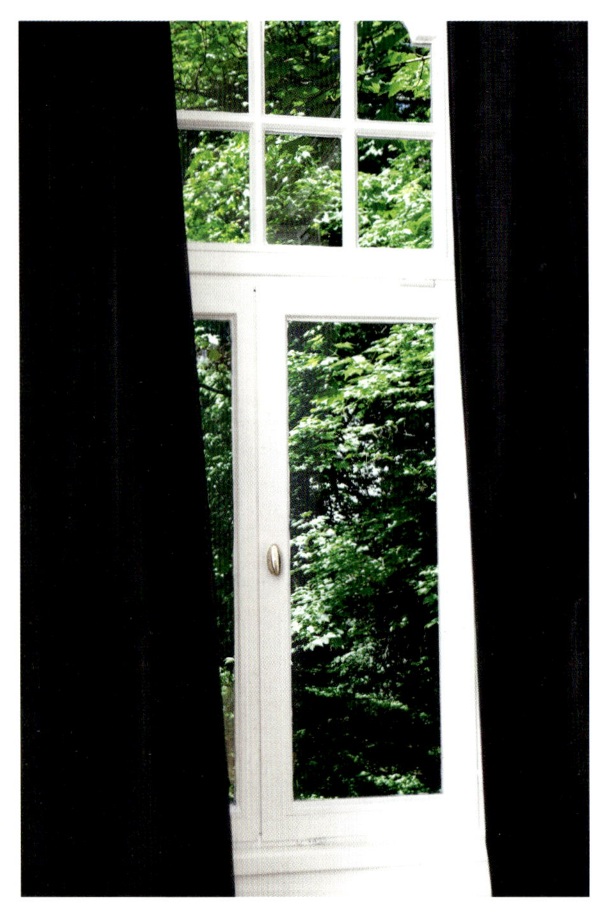

Ohne Titel, Untitled (Detail)
2010

Alice Musiol.
Kunst des Zwischenraums

Judith Elisabeth Weiss

Beiläufig ein Zweig im Glas auf der Fensterbank, provisorisch hinter schlichten Glasscheiben einige zurückgelassene Zeichnungen, ein achtlos abgestellter Lampenschirm mit zerbrochener Halterung, ein wie ein vergessener Mantel an die Wand gehängter Lederstoff, während sich Konfettireste wie letzte Erinnerungsschnipsel am Boden sammeln. Das Gesamtarrangement von Alice Musiol in der Rudolf-Scharpf-Galerie setzt den Raum in seiner ursprünglichen Bestimmung in Szene: als Ort in dem gewohnt, gelebt und wieder ausgezogen wird. Dass während der Ausstellungsvorbereitung der letzte ständige Bewohner des Hauses tatsächlich seinen Umzug vorbereitet hat, ist eine bemerkenswerte Koinzidenz, wie sie schon öfter in der künstlerischen Arbeit von Alice Musiol passiert ist. Was sich in der Ausstellung so unprätentiös und eindringlich zugleich dem Blick darbietet, entfaltet eine Mehrdeutigkeit, zwischen deren Bedeutungsgehalten sich das gesamte Schaffen der Künstlerin versammeln lässt. Ihr Sujet ist die Ver- und Entwurzelung, das Ankommen und Aufbrechen, das Installierte und das Provisorische, stets eng verbunden mit persönlicher Erfahrung. In Oberschlesien geboren, siedelte die Künstlerin als Kind mit ihrer Familie nach Westdeutschland über. 23-mal ist sie innerhalb von 17 Städten und 7 Ländern seither umgezogen. Dieses Moment des Transitorischen in ihrer eigenen Biografie ist bestimmend für die Auswahl der Werkstoffe. Leicht und flexibel wie Papier, Stoff oder Garn und überall erhältlich wie etwa Brot aus dem Supermarkt oder Styropor aus dem Baumarkt müssen sie sein und dürfen keinen Ballast darstellen. In Werkgruppen ließe sich die künstlerische Arbeit von Alice Musiol erschließen: Arbeiten aus Stoff, Garn und Wolle, Brotarbeiten, Werke aus Baumaterialien, Zeichnungen und Videoinstallationen. Die feinsinnige Szenerie in der Ausstellung *When Tears Don't Cry* lässt sich besser noch mit den poetischen Metaphern erfassen, die allenthalben zutage treten.

Vielfach wird die Arbeit von Alice Musiol mit dem Konzept des Künstlers als Nomaden in Verbindung gebracht. Die lapidare Stickarbeit *Nomaden haben keine Flöhe* (Abb. 1) weist ironisch auf das Weiterziehen als Mittel gegen Parasitäres. Wer weiterzieht, ist frei von fremden Suggestionen, dem kann kein Floh ins Ohr gesetzt werden. Doch was macht einen richtigen Nomaden aus? Er durchzieht die Fremde und zwangsläufig Länder, denen er nicht angehört, ob er will oder nicht, ob die Anderen wollen oder nicht. Raum und Entfernung, Zeit und Ziel sind mit dem Nomadentum ebenso essenziell verbunden wie die Flexibilität, sich auf neue Lebensumstände einzulassen und die Tatsache, Ballast auf Elementares zu reduzieren. Und so ist auch der unruhig wandernde Begriff des Künstlers als Nomaden mit zahlreichen Zuschreibungen und Bedeutsamkeiten belegt. Man müsse Nomade sein, um durch Ideen wie durch Länder und Städte zu gehen, formuliert der Surrealist Francis Picabia und hat dabei vielleicht den Proto-Typen des Künstler-Nomaden Arthur Rimbaud im Sinn. Dem berühmten Dichter des *Je est un autre* dient die Ausschweifung aller Sinne, die Imagination unbekannter Orte, um im fremden Anderen anzukommen. Jede Form von geistiger oder körperlicher Mobilität, so scheint es, hat etwas mit Nomadentum gemeinsam. *Cultural Nomadism* ist das Schlagwort der Venedig-Biennale 1993, das zu verstehen gibt, dass der Künstler als *global player* keinen Stillstand gewährt. Unterwegssein kommt der Beschäftigung mit der eigenen Person gleich, der Künstler als Nomade avanciert daher gleichzeitig zur Monade. Nomadische Bewegung steht aber auch für das Prinzip der steten Grenzüberschreitung bis hin zur Ziel- und Orientierungslosigkeit. Gilles Deleuze und Felix Guattari haben den Begriff sinnbildlich als Auflösung des Dilemmas einer Autorität über den Anderen eingeführt.[1] »Nomadisches Denken« in ihrem Entwurf philosophischer Raum- und Ordnungsprinzipien ist nicht Begrenzung eines Ortes, sondern ein »Sich-Verteilen« im offenen Raum. Ein Nomade wird deshalb nie das Gelobte Land erreichen, wie der Philosoph und Dichter Lars Gustafsson treffend formuliert.[2] Es stellt sich bei all dem die Frage nach Identität. Eine winzige Korrektur der Stickarbeit *Ich habe einen Namen* zur Aussage *Ich habe keinen Namen* (S. 44, 45) führt den schmalen Grat von Verortung und Entortung vor Augen. Ein einziger Buchstabe reicht aus, um Benennbares in Namenlosigkeit und Identität in Identitätslosigkeit zu verkehren. Vor dem Hintergrund ihres eigenen Umherziehens und Reisens lässt sich diese Arbeit von Alice Musiol als die Suche nach den Orten und Nicht-Orten unseres Daseins lesen. Ist der Ort ein Speicher für Identität, Geschichte und Bestimmung, so ist der Nicht-Ort der Raum der Unbe-

Nomaden haben
keine Flöhe
Nomads Don't
Have Fleas
1998

stimmtheit und der kommunikativen Verwahrlosung.[3] Die Stickarbeit nimmt Bezug auf das Werk *ausgezogen* (Abb. 2), das in intensiver Bildkraft Nacktheit und Blöße doppeldeutig thematisiert. Es sind schlichtweg die Namen der Straßen, die hier in gestickter Form dokumentieren, wo Alice Musiol gewohnt hat und wieder ausgezogen ist, Stationen des Lebens, die sich gleichsam in die äußere Hülle eingeschrieben haben. Immer wieder sind es minimalste Mittel, mit denen Alice Musiol Unsägliches und Unsagbares, Ungehöriges und Unzugehöriges zu Gehör bringt, und dabei ist Sprache ein zentrales Mittel. Wortspiele, Umkehrungen und lapidare Aussagen verknüpfen sich zu einem assoziativen Liniengefüge, dessen Fäden die Künstlerin im stochernden Hantieren mit der Nadel nachvollzieht. Die Kunst, Sätze zu drehen und zu winden, kurzum die

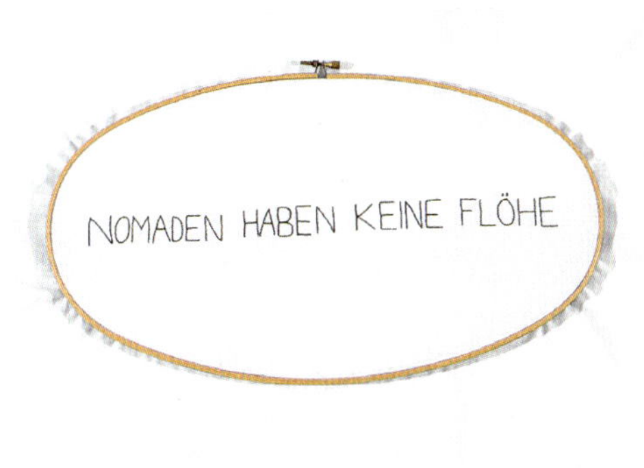

Sprache als rhetorische Wanderung mit ihren Stilfiguren und Redewendungen, ist nicht zuletzt mit dem Prozess des Voranschreitens verbunden - ein Äquivalent zum körperlichen Bahnen eines Wegs hin zu einem Ort.[4]

Ein abstraktes Gitterwerk am Rande des sprachlichen Horizonts entfaltet nicht ohne Augenzwinkern die Arbeit *Ha Ha Ha Aha Ha Ha* (S. 41), die - mitten im Lachen die Erkenntnis - auch an Zäune oder eine Reihung von Behausungen denken lässt. Die simplen Auslassungen der horizontalen Striche der Buchstaben führen zu einer Unterbrechung im Lesefluss. Anstelle eines Buchstabens entsteht ein Haus mit Dach. Deutlich wird: Ein gleichförmiges Unterwegssein bedarf der Unterbrechung und erst da, wo die Passage unterbrochen wird, kann die Erzählung beginnen. Alice Musiols Geschichten handeln von der Heimeligkeit und ihrer Enge, von der »Guten Stube« und ihrer Nutzlosigkeit und von der Häuslichkeit und ihrer Einsamkeit. Mit Stecknadeln zusammengefügt sind die *Toastbrothäuser* (Abb. 3), gefertigt aus »Unbrot«, wie die Künstlerin das nährwertarme industriell produzierte Lebensmittel nennt. Der Traum vom gleichförmigen Reihenhaus wird hier sinnfällig karikiert, vergänglich ist das Material, vorübergehend das Glück. Die Brotarbeiten haben in der Vergangenheit stets zu besonderen Irritationen geführt. Dies hängt freilich mit der symbolischen Aufladung des wohl wichtigsten Nahrungsmittels zusammen. Wie um eine Wunde zu vernähen haben Nadel und Faden die Kruste im *Brotkantenblues I* (Abb. 4)

durchstochen. Der Brotlaib verwandelt sich in einen Brotleib und wirkt
dabei so eigentümlich wie die Geschichte vom blutenden Brot, die in mittelalterlichen Gemälden mit den Einzelheiten der schändlichen Durch-
bohrung der Hostie und der Bestrafung der Täter dokumentiert wird.[5]
Das unbelebte düstere Geisterhaus, das kopfüber in einen Schlund weist,
bildet in einem einzigen Werk nochmals das Gesamtarrangement der
Ausstellung ab (S. 27). Eine Endlosschleife aus Karton verpuppt das
leere Gehäuse wie einen Kokon. Das unübersichtliche Linienknäuel
windet sich aber nicht schützend, sondern albtraumhaft um das ge-
stürzte Haus. Aus dem Unbewussten entstehen
die geheimnisvollen Erinnerungsfäden, die sich in
alle Richtungen verschlingen und auch ins Innere
der einst belebten Räume ranken. Als narrative Figur des Unterbrechers wird der Künstler in diesem Haus zum labyrinthischen Grenzgänger. An
diesem Ort mit seinen luftigen Terrassen, heime-
ligen Giebeln und offenen Fenstern ist kein Raum,
um sich gemütlich niederzulassen, es herrscht -
Verwirrung.

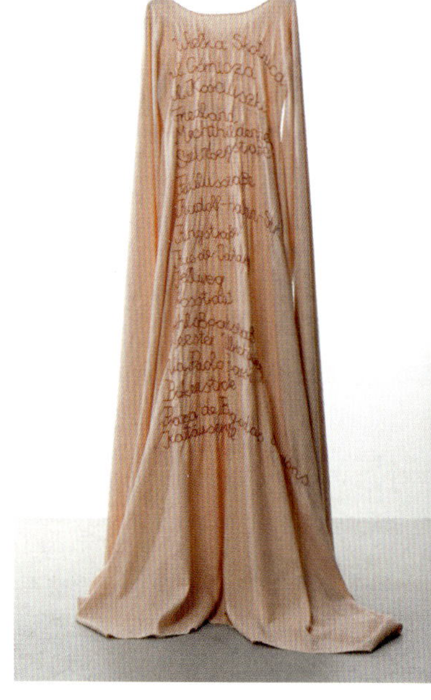

Linien / Gabelungen / Verflechtungen

Wegstrecken beinhalten neben den Unterbrechun-
gen stets Abzweigungen, Gabelungen und um-
wegige Kreuzungen, seien es physische Akte des
Abbiegens und Abweichens, sei es das Straucheln
oder die Verschlingung der Gedanken. Für die
Bild-Metaphern von Alice Musiol sind die Verzweigungen und Verästelungen konstitutiv, bildhaft
dargestellt mit dem Zweig im Glas (S. 31). Natur
und zeichnerische Aneignung gehen eine Symbiose ein, miteinander verbunden durch die kultivierte Substanz des Astes, einer Holzwäsche-
klammer. Die poetologische Metapher der Verästelung drückt jene Ga-
belung von Gegenständlichkeit und Abstraktion aus, die Piet Mondrian
in den ersten Jahrzehnten des 20. Jahrhunderts so folgenreich für die
Kunstgeschichte verfolgt: Aus der entlaubten Baumkrone mit ihren
endlosen Verzweigungen entwickelt er seine strenge und unverwechsel-
bare Abstraktion. Jede Verästelung teilt sich in zwei und bildet eine bi-
polare Einheit, wie Alice Musiol mit der Weiterführung des vertrockneten
Zweiges in seine künstlerische Form ebenso deutlich macht. Mit ihren
gewohnt bescheidenen Mitteln und ihrer reduzierten Handschrift erfährt

die Verwandlung des Gegenstandes in sein Bild indes jene Dialektik, die These und Antithese in der Synthese zu einer höheren Einheit führen. Bis hin zur Verkümmerung führt die Künstlerin im Gegenzuge ihre Verzweigungen und Biegungen. Wie der Titel der organisch anmutenden kriechenden Körper *rudimentum* (Abb. 5) schon andeutet, sind es unausgebildete, eben rudimentäre Elemente, die sich hier mal eingliedrig, mal verzweigt so eigentümlich am Boden sammeln. Als wild wuchernde Absonderungen verknäulen sie sich in der hängenden Skulptur *Ghetto* (Abb. 6) und verflechten sich sinnbildlich zu einem komplizierten Mikrokosmos, der in seiner verschlungenen Verknotung unauflösbar scheint und sich lediglich mit seinen nach allen Seiten schießenden Auswüchsen als von Einzelteilen geformtes Ganzes offenbart. Um Variationen und Komplexität kreisen die Arbeiten Alice Musiols fortwährend und erweitern klare Dichotomien um Vielheiten. Assoziationsketten, Erinnerungen von anderen Orten und unmittelbar Wahrgenommenes werden wie angeschwemmtes Treibgut plötzlich konkret und finden ihre künstlerische Form. Objets trouvés bringen den Zufall ins Spiel. Und so lässt sich auch das zufällig gefundene Astwerk *Treibgut* (S. 28) mit seinen knorrigen unübersichtlichen Ablegern als metaphorischer Verweis auf die Poetik des Umwegs und der Abschweifung lesen. Die gekappten Enden sind wie zum Schutz mit Gold bekrönt, in der mittelalterlichen Ikonografie eine sakrale Überhöhung für das Kostbarste. Schwingt die gesamte Bedeutungsvielfalt der Goldfarbe mit, die alles Körperliche und Lebendige sublimiert und deren verführerischem Zauber man sich nur schwer entziehen kann, so löst sie im wertlosen Fundstück Alice Musiols eine Irritation aus: Gold schützt das Kümmerlichste.

Es ließe sich nochmals die Betrachtungsweise von Deleuze/Guattari anführen, die sich explizit gegen einfache Polaritäten wendet. Diese verkörpern sich in den Verästelungen eines Baums, die sich ohne Querverbindungen zweiteilen und am Ende als Baum des Wissens die Begriffspyramide bilden. Dagegen setzen Deleuze/Guattari das wild wuchernde Wurzelgeflecht, das Rhizom, in dem alle Einzelteile ohne Hierarchie verbunden sind und ein vielwurzelig verflochtenes System bildet, ein Modell, das gängige Vereinfachungen vermeiden soll. In einem Rhizom gibt es nichts als Linien. Die innig verbundenen Strich- und Linienmuster als Grenzfigurationen lassen sich in den Zeichnungen von Alice Musiol wiederentdecken. »Die Zeichnung ist die Basis und mein Liebstes«, so die Künstlerin. Der Akt des Zeichnens kommt einem Abstieg in die weit verzweigten Tiefenschichten der menschlichen Psyche gleich. Feine Tuschefasern zerlösen die markanten Strichgebilde im Porträt eines Mannes (Abb. 7). Beunruhigend suchen sich die Äderchen auf der Haut ihren Weg, verbreiten sich wuchernd, enden abrupt, bilden hie und da Schwellkörper - ein krankhaftes Geschwür, eine beklemmende Tätowierung der Haut, eine aufwühlende Metapher für die Wege und Nebenwege einer Identität, die buchstäblich in die Haut inskribiert ist. Ein geschlossenes, in sich stimmiges Gespinst feiner Tuschelinien hingegen zeigt die unendlichen Verflechtungen als ornamentales Spiel mit ihren mehrfachen Überlappungen, Verwicklungen und Überlagerungen (S. 66, 68). Es sind auch hier wieder die unzähligen Erinnerungsfäden, die zueinander hinführen und voneinander wegführen und den Blick in einen Mikrokosmos gewähren. Der reich verzweigte Parcours hat eine Ordnung, die sich im Zusammenwirken der zu Strängen angeordneten Einzellinien zu einer abstrakten Komposition verdichtet.

Die Stickarbeit *When Tears Don't Cry* (S. 42, 43), die der Ausstellung den Titel gegeben hat, liefert ein dialektisches Bild all dessen. Vielleicht ist dies die eindrücklichste Arbeit in der Ausstellung. Ähnlich wie in den Geflechtzeichnungen formen sich akkurat angeordnete Linien zu Strängen, die sich wiederum in konzentrierter Ganzheit verdichten. Arabeskengleich schlingern die Linien in wohldurchdachter Komposition im schwarzen Bildraum, um sich schließlich in zahllosen Spiralen einzudrehen. Bedeutungslastiges bietet sich hier dem Blick dar. An Florales, Organisches, Fötenhaftes mag die Stickerei erinnern, an eine geisterhafte Figur oder eine Krake, die, aus dem Skandinavischen übersetzt, für »entwurzelter Baum« steht. Die das Werk dominierende Spirale ist in vielen Kulturen uraltes Symbol für Meditation, für die Schöpfung und für die Einheit von Denken, Leben und Tod. Sie zeigt den Weg der Verinnerlichung, sie führt in die Mitte, ins Innere, ins Unbekannte, zu sich selbst. Eine formale Korrespondenz findet sich in der sublimen minimalistischen Ästhetik indischer Kunst, die Alice Musiol zur Zeit der Entstehung ihrer Stickarbeit in einem Ausstellungskatalog entdeckt hat.[6] Steckt alleine schon im Titel der Arbeit eine Antithese, so wird diese auch nochmals in der Präsentationsweise deutlich. Das Werk ist doppelansichtig und zeigt auf der Rückseite die Verankerungen, Verknotungen und Ausfransungen der Stickfäden. Hier wird das Bild diffus, die Linien sind unterbrochen - unersetzbare Leerstellen. Auf das Sticken als Verlangsamungsprozess des Zeichnens wurde verschiedentlich hingewiesen.[7] Die Stickarbeit wird direkt ausgeführt, ohne Vorzeichnung. Der Weg von der Selbstinterpretation zum künstlerischen Werk führt über die Technik: Der Nadelstich, der sich im Wechsel an der Oberfläche und in die Tiefe bewegt, der buchstäblich die Oberfläche durchbohrt und den Faden in der Tiefe verankert, ist nicht zuletzt Sinnbild für die poetische Grenzüberschreitung in Kunst und Literatur mit dem Blick »dahinter«.

Und so ist auch die maskuline Metapher des Eindringens in eine Kultur, in das Fremde oder Andere ein komplexes Spiel von Innen und Außen, Erinnerung und Gegenwart.

Dass Linien sich nicht zwangsläufig verflechten oder verwirren, zeigt die Zeichnung *Blick aus dem Fenster* (S. 55). Horizontal und vertikal führen die Tuschegeraden aus dem begrenzten Bildraum hinaus ins Unendliche. Der Blick aus dem Fenster hinein in die Welt ist der Blick durch ein Gitterwerk der Wahrnehmung. In der steten Wechselbeziehung von Innen und Außen, von Mikrokosmos und Makrokosmos ziehen kongruente Bilder herauf. *Unter freiem Himmel* (S. 33) lässt in lustvollem Spieltrieb die vertrackten Verschachtelungen ein weiteres Mal deutlich

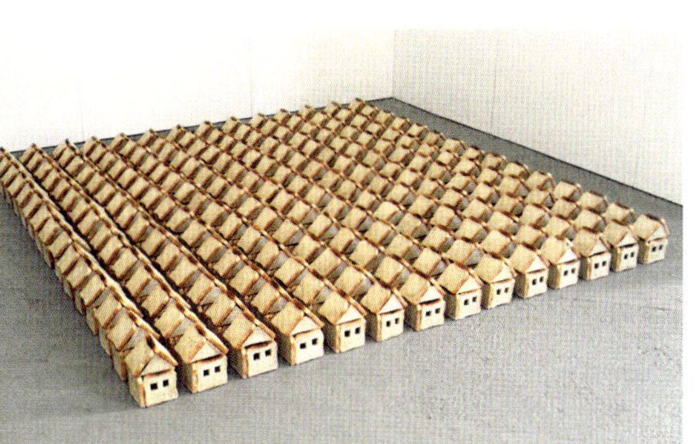

zutage treten. Im Denk-, Lebens- und Gefühlsgebäude finden sich in Schachteln weitere Schachteln, sorgfältig in- und nebeneinander angeordnet - und doch willkürlich kombiniert. Als Assemblage mit geometrisierenden Strukturen ist diese Arbeit eine spitzfindige Minimalarbeit, die in schematischer Klarheit mit Fülle und Leere experimentiert.

Fragmente

Der Künstler als Nomade wird oft mit der Vorstellung eines permanenten Fortgehen-Wollens gleichgesetzt, gewissermaßen ein unruhiges Subjekt, das in einer Art freiwilliger Entgrenzung von unliebsamen Zuständen dem Mythos einer ewigen Migration frönt. Doch auch der Nomade baut eine intensive Beziehung zum grenzenlosen Boden auf und wird somit zu dem, der nicht mehr fortgehen muss oder will. Vom Zahn der Zeit erzählt das Werk *Oft geklebt, seit 1968* (S. 32) und zugleich die Geschichte vom Bewahren und Erhalten, vom Aufheben und Instandsetzen - seit 1968, wie sich genauestens eruieren lässt. Das abgebrochene Stück Halterung der Lampe, die sich beiläufig in der Rudolf-Scharpf-Galerie finden lässt, ist gleichzeitig Fragment, ein empfindliches Bruchstück, das einen feinen Riss hinterlässt. Die Wiederverwertbarkeit von alltäglichen Gebrauchsgegenständen und ihre Wandlungsfähigkeit in ein Kunstwerk ist Konzept. Haushaltsgegenstände, die Alice Musiol für Installationen verwendet, werden unter Umständen von der Künstlerin später wieder weiter genutzt. Aus alten Hosen ist die textile Collage-Arbeit *Zurück* (S. 37) gefertigt, in der die unsauberen Stoßkanten sichtbar vernäht sind. Improvisiertes, Nachlässiges, Unfertiges drückt dieser Flickenteppich aus; die Nähfäden sind nicht verwahrt und hängen lose herab, ein Stofffetzen löst sich von der Wand. Diese Werke stehen in der Tradition des »Nouveau Réalisme«, jener von dem französischen Kritiker Pierre Restany gegründeten Bewegung, die sich der Aufhebung der Grenzen zwischen Kunst und Leben, zwischen ästhetischem Wert und Banalität, zwischen künstlerischer Formgebung und Massenproduktion der industriellen Gesellschaft verschrieben hat. In den aus Damenkleidern gefertigten Patchwork-Arbeiten Gérard Deschamps aus den 1970er Jahren etwa werden nicht nur die Spuren eines absenten Körpers sichtbar, sondern

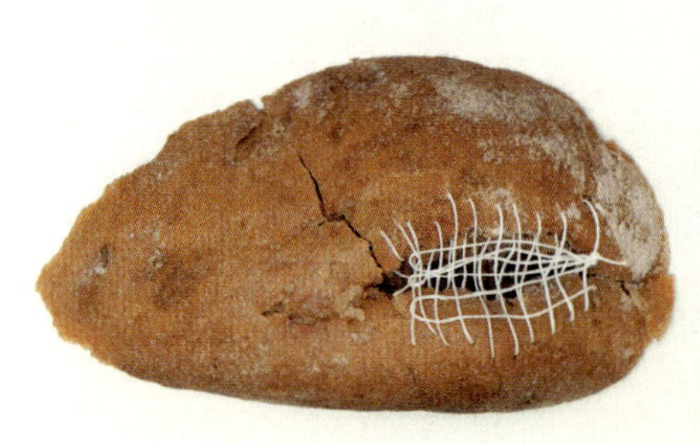

sie bergen auch bildgestalterische und kompositorische Elemente. Die Textilarbeit *Zurück* stellt ein zweites Mal eine Verbindung zum Werk *ausgezogen* her, von der bereits die Rede war: Die hautfarbenen Lappen sind demselben Stoff entnommen und lassen die Kleidung als zweite Haut begreifen, als Metonymie für den menschlichen Körper, als Symbol für soziokulturelle Identität, als Relikt mit metaphysischer Bedeutung. Die Flickendecke spiegelt eine weitere - gegenteilige - Erfahrung, als Schutzhülle nämlich, die ebenfalls in dem früheren Werk *Pilger* (Abb. 8) buchstäblich zum Tragen kommt. Sechs Kilogramm Wolle hat die Künstlerin in langwieriger Strickarbeit hier verarbeitet.[8] Ein Faden hat sich gelöst und droht, in einer Distel verfangen, beim Weiterziehen, das Maschenwerk zu lösen, so wie ein unachtsamer Stich die Naht der Flickendecke immer weiter aufreißen lässt. Mit der Auflösung äußerer Hüllen und der Herausschälung aus inauthentischen Formen und Identitäten, so scheint uns die Arbeit von Alice Musiol zu vermitteln, wird der Akt der radikalen Selbstentfremdung zu einem Moment der Selbstwerdung.

Zurückkehren ist Teil der Wanderschaft. Nach 21 Jahren kehrte Alice Musiol 2002 das erste Mal seit der Übersiedlung ihrer Familie in die BRD nach Polen zurück, die Erinnerungen an die schwierige politische Situation und an die hektische Ausreise noch bewusst. Die Video-Arbeit *Revolution* (S. 46,47) entstand in einem Hotel in Katowice. Ein sachter Regen plätschert gegen das Fenster, ein sanfter Wind bewegt die Gardine am Fenster. Streiks und Proteste sind verstummt, die Revolution ist nur noch Erinnerung - Frieden zwar, aber auch *ennui*, die große Langeweile, und Rückzug in die Privatsphäre mit den Gardinen als Schutz vor ungewollten Einblicken. Die Stille indes kann auch trügen: In der Ruhe vor dem Sturm kündigen sich künftige Revolutionen an. Die Gardine als Sichtschutz findet im raumgreifendsten Werk der Ausstellung einen theatralischen Akzent (S. 38, 39). Der schwere dunkle Velours-Vorhang mit seiner schimmernden Beschaffenheit verlässt die Gardinenstange, breitet sich weiträumig in unzähligen Raffungen und Faltungen drapiert am Boden aus und führt in einer runden langen Bahn wie eine Schleppe geschwungen wieder an die Gardinenstange zurück. Die wirkungsvolle Anordnung und kunstreiche Ausarbeitung des Faltenwurfs, auf die in altmeisterlichen Tafelbildern größten Wert gelegt wird, erhält hier eine haptische Qualität. Werkmaterialien setzt Alice Musiol in all ihren ästhetischen Möglichkeiten ein. Lassen sich Textilien schneiden, vernähen, kombinieren, so erfährt der Stoff hier eine installative Erweiterung. Die surreale Szenerie mit ihrer Hin- und Rückführung der Stoffbahnen resultiert in der Dreidimensionalität und in einer Ausdehnung des Raums. In bestechender Eleganz entfaltet sich eine Absurdität, die in Anspielung auf die Intimsphäre des Menschen in einer Endlosschleife mündet.

Alice Musiol buchstabiert Lebensgeschichten, kreiert humorvolle, ironische, teils erheiternde, teils verstörende, immer aber pointierte Stellungnahmen zur *condition humaine*. Wie bereits formuliert, wird der Nomade nie das Gelobte Land erreichen - keine Heilsgewissheit. Und so steht es schwarz auf weiß in Alice Musiols Notizblock I**f** *Dead Dial Hell* (S. 41).

---

1. Gilles Deleuze/Felix Guattari, *Tausend Plateaus. Kapitalismus und Schizophrenie*, Berlin 1997 ___ 2. Lars Gustafsson, »Die neuen Nomaden und ihre Tugenden« in: LETTRE International Nr. 45, S. 92f ___ 3. Marc Augé, *Orte und Nicht-Orte. Vorüberlegungen zu einer Ethnologie der Einsamkeit*, Frankfurt/Main 1994 ___ 4. Michel de Certeau, *Kunst des Handelns*, Berlin 1988, S. 192ff ___ 5. Heinrich Eduard Jacob, *Sechstausend Jahre Brot*, Hamburg 1956, S. 201ff ___ 6. Debra Diamond/Catherine Glynn (Hg.) *Garden and Cosmos. The Royal Paintings of Jodhpur*, Thames & Hudson, 2008 ___ 7. vgl. Ausst. Kat. Alice Musiol. *Stickstoff*, Textilmuseum Bocholt 2004, S. 7; Ausst. Kat. Alice Musiol. *über leben*, Kunstmuseum Bonn 1999, S. 10 ___ 8. vgl. Ausst. Kat. *selbst/porträt*, 2001, KunstRaum Drochtersen-Hüll/Schloss Agathenburg, S. 21

Alice Musiol.
Art of the Interstice

Judith Elisabeth Weiss

A casually placed twig in a glass on the windowsill, a few drawings temporarily left behind simple glass panels, a carelessly set down lamp shade with broken fixtures and a piece of leather fabric hung on the wall like a forgotten coat, while bits of confetti lie gathered on the floor like remnant snippets of memories gone. Alice Musiol's overall arrangement in the Rudolf-Scharpf-Gallery provides an experience of the original use of the space: a place designed to be inhabited, lived in and moved out of again. The fact that the last permanent resident of the house was in fact preparing his move during the preparations of the exhibition is a remarkable coincidence and not the first of such in the history of Alice Musiol's artistic endeavors. From what presents itself to the eye in such an unpretentious yet striking manner unfolds an ambiguity amongst whose layers of meaning the artist's complete oeuvre converges. Her subjects of rootedness and uprooting, of arrival and departure, of the permanent and the temporary are always intimately connected to her personal experience. Born in Upper Silesia, the artist resettled as a child with her family in West Germany. Since then she has moved 23 times within 17 cities and 7 countries. That experience of impermanence is decisive for her choice of materials. They have to be as light and flexible as paper, fabric or yarn and as readily available as bread from supermarkets or polystyrene from DIY store, and cannot represent a load. Ordered into groups of work Alice Musiol's art could be split into works of fabric, yarn and wool, bread works, works using construction material, drawings and video installations. The subtle scenography of the exhibition *When Tears Don't Cry* is even better grasped through poetic metaphors that emerge throughout.

Alice Musiol's work is often linked to the concept of the artist as a nomad. The succinct embroidered piece *Nomaden haben keine Flöhe* (*Nomads Don't Have Fleas*, fig. 1) ironically refers to moving on as a remedy against parasites. Who moves on is free of outlandish ideas - no one can put a bug in their ear. But what defines a true nomad? They inevitably push on through foreign lands and countries to which they do not belong, whether they want to or not, whether the others want them to or not. Space and distance, time and destination are as inextricably tied to nomadism as are flexibility of adapting to new life circumstances and limiting loads to the essential. Similarly the vagabond notion of the artist as nomad is just as charged with associations and significations. One has to be a nomad to move through ideas as through cities and countries, said the Surrealist painter Francis Picabia, who

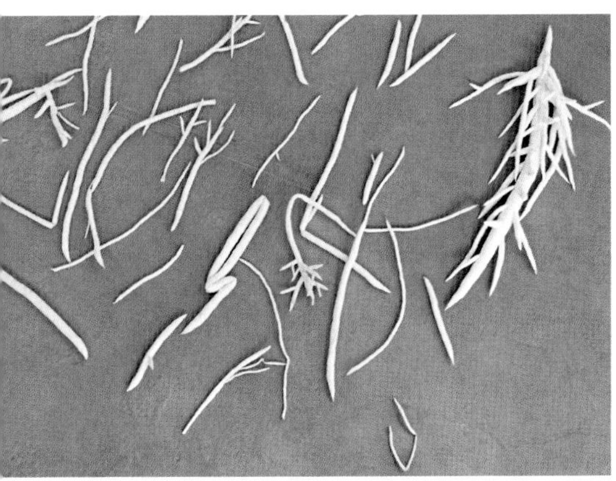

might have had Arthur Rimbaud in mind, the prototype of the artist-nomad. The famous poet of *Je est un autre* (*I Is Another*) benefits from the profusion of the senses, from imagining unknown places in order to reach the unknown Other. Every form of mental or physical mobility, so it seems, has something in common with nomadism. *Cultural Nomadism* was the buzzword of the 1993 Venice Biennale implying that artists as global players are not allowed to stand still. Being on the move is tantamount to exploring the self, so the artist as nomad at the same time moves towards the Monad. But nomadic movement also stands for the principle of continued boundary crossing up to the point of aimlessness and disorientation. Gilles Deleuze and Felix Guattari have used the term metaphorically as the dissolution of the dilemma of authority through the other.[1] "Nomadic thinking" does not represent territorial delineation in their elaboration of philosophical principles of space and order but a "self-dispersion" within an open space. A nomad will therefore never reach the Promised Land as philosopher and poet Lars Gustafsson accurately states.[2] From all this arises the question of identity. A minute alteration of the embroidered work *Ich habe einen Namen* to the statement *Ich habe keinen Namen* (I Have A Name, I Have No Name, p. 44, 45) lays bare the fine line between delocalization and relocation. A single letter is enough to transform the nameable into the un-named and identity into facelessness. Against the backdrop of her own successive moves and travels, Alice Musiol's work can be read as the search for the places and non-places of our existence. If the place re-presents a safeguard of identity, history and purpose, then the non-place is the space of indefinite and transmittable disintegration.[3] This em-broidered work is a reference to the work *ausgezogen* (*removed*, fig. 2) that broaches the issue of nudity and exposure with an image as force-ful as it is ambivalent. They are simply the names of streets that here document in embroidered form where Alice Musiol has lived and moved out of again, stages of her life that have for all intents and purposes inscribed themselves into the outer coating. Time and again Alice Musiol uses minimal means to utter the unutterable, to say the unspeakable, to show the unseemly and make the voiceless heard, and in doing so language is a central means. Plays on words, inversions and succinct statements inter-twine with associated line structures, the artist's hand having repeatedly retraced the individual filaments of the central thread. The art of winding and turning sentences, in short, employing language as rhetoric mean-derings with figures of speech and stylistic devices, turns of phrases, is not unrelated to the idea of moving forward - an equivalent to physically making it to a place.[4]

From an abstract grid at the edge of lin-guistic horizons unfolds, not without a wink and a smile, Ha Ha Ha Aha Ha Ha (p. 41) - in the middle of laughter comes realization - which is also reminiscent of fences or a row of houses. The simple omissions of the horizontal lines of certain letters lead to an in-terruption in the flow of reading. Instead of a letter emerges a house with a roof. It becomes clear that moving forward requires pauses and only then when a passage is interrupted can story telling begin. Alice Musiol's narratives are about homeliness and its confinement, about the old-fashioned parlor and its uselessness, about domesticity and its loneliness. Joined together with pins the toast houses (fig. 3), made from "non-bread" as the artist calls this industrially produced foodstuff with low nutritional value. The dream of the uniform row house is clearly caricatured her: the material employed is short-lived and happiness is transient. In the past, the bread works have caused particular irritation. This is of course linked to the symbolical charge of the probably most important staple food. As if to sew a wound needle and thread have pierced Brotkantenblues I (Bread-end Blues I, fig. 4). The loaf of bread turns into a piece of flesh with an effect as original as in the story of bleeding bread documented in medieval paintings with details such as the shameful perforation of the altar bread and the punishment of the perpetrators.[5] The uninhabited, gloomy ghost house that points head-first into the abyss reproduces within a single work the exhibition's complete arrangement (p. 27). An unending ribbon of cardboard pupates, transforming the empty dwelling into a cocoon. However, the bewildering tangle of lines rather offering protection nightmarishly winds around the toppled house. Out of the subconscious emerge mysterious threads of memory that reach out in all directions, engulfing even the formerly inhabited rooms. As the narrative figure of an interferer the artist becomes, in this house, a labyrinthine border crosser. There is no space in this place with its airy terraces, homey gables and open windows for cozy relaxation - disarray reigns.

Lines / Bifurcations / Interweavings

Itineraries, next to interruptions, also include turnoffs, junctions and rambling crossroads, be it physical acts of turning and deviating, or be it groping and sinuous thought processes. Forking ramifications and branching out, such as illustrated by the twig in the glass (p. 31), are constituent to Alice Musiol's image metaphors. Nature and graphic appropriation are in symbiosis, connected by the cultured essence of the twig: a clothes pin. The poetical metaphor of ramifications expresses that turn-off from objecthood to abstraction taken by Piet Mondrian in the first part of the 20th century with far-reaching consequences: out of the defoliated crown of a tree with its endless branching he develops a strict and distinctive abstraction. Every offshoot splits in two and constitutes a bipolar unity. Alice Musiol makes this just as clear in her artistic extension of the dried twig. With her typically modest means and pithy style the object in her image experiences a metamorphosis in the dialectics of which thesis and antithesis merge to reach a higher form of unity. The artist proceeds all the way to decomposition in her countermoves of twists and turns. As the title of the seemingly organic, crawling bodies of rudimentum, (fig. 5) seems to suggest these are incompletely formed, "rudimentary" elements, some simple others of branching form that gather here on the floor in such peculiar fashion. As rampant growths they ball together in the hanging sculpture *Ghetto* (fig. 6) and symbolically enmesh into a convoluted microcosm whose snarled tangles seem inseparable while revealing itself to be a whole formed simply from individual elements with offshoots heading in all directions. Alice Musiol's work continuously circles around variation and complexity expanding sharp dichotomies into multiplicity. Chains of association, memories of other places and the immediately experienced emerge like flotsam and combine into artistic form. Found objects bring the incidental into play. And, as such, the accidentally found branches *Treibgut* (*Flotsam*, p. 28) with its gnarled disorderly offshoots can be read as a metaphorical reference to the poetics of detours and diversions. The capped ends are crowned with gold as if to protect, a form of sacred elevation of the most precious in medieval iconography. Although many associations of gold sublimating objects and living things resonate within the work, it provokes a certain irritation in Alice Musiol's found object for here gold protects the most trivial.

One could again cite the viewpoint of Deleuze/Guattari which is explicitly directed against simple polarities. This is embodied by the boughs of a tree which would split in two without cross-links and thereby represent the full meaning of the expression "tree of knowledge." They contrast this with the rampant network of the roots or rhizome, in which individual parts are connected without hierarchy forming a system of numerous interweaves, a model that is meant to avoid common simplifications. A rhizome is made up of nothing but lines. Intimately connected streaks and lines that delineate figures can again be found in Alice Musiol's drawings. "Drawing is the basis and my favorite," says the artist. The act of drawing is like a descent into the deepest, ramified layers of the human psyche. Fine lines of ink dilute the distinctive linear forms in the portrait of a man (fig. 7). Small veins on the skin unsettlingly search for their way, spread exuberantly, end abruptly and here and there form a bulge - a malign growth, a grim tattoo on the skin or a disconcerting metaphor for the ways and byways of identity literally inscribed in the skin. A closed, self-contained weave of fine lines of ink on the other hand displays the intertwinements as a decorative motif with multiple overlaps, interweaves and superimpositions (p. 66, 68). Here too are many filaments that lead to one another and then away again allowing a glimpse into a microcosm. The richly ramified trail has an order in which individual, dense lines concur to form an abstract composition. The stitched work *When Tears Don't Cry* (p. 42, 43), which gave rise to the exhibition's title, offers a dialectic image of all this. It is perhaps the most captivating work of the show. As in the meshwork drawings accurately placed lines become strands that in turn become denser and finally form a concentrated whole. The lines arabesquely loop into a thoughtfully conceived composition within the black pictorial space and at their ends turn into endless spirals. Forms pregnant with meaning emerge. The embroidery calls to mind floral, organic, fetus-

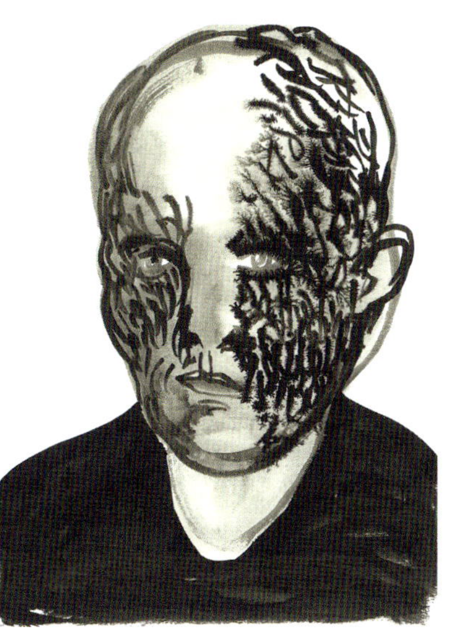

like or spectral figures, or a kraken, that fearsome sea monster, which translated from Scandinavian means "uprooted tree". The spiral that dominates the work is in many cultures an ancient symbol for meditation, for the Creation and for the oneness of thought, life and death. It shows the path to internalization, it leads to the middle, to the inner, to the unknown, to oneself. A pictorial parallel can be drawn to the sublime, minimal esthetics of Indian art, which Alice Musiol had discovered in a catalog at the time of her work's genesis.[6] The antithesis already contained in the title becomes even more apparent in its presentation. The work contains double meanings and its back reveals fastenings, knots and frays of the embroidered yarn. The image becomes blurred, the lines are interrupted with irreplaceable gaps. Several references have been made to stitching as a means of slowing down the process of drawing.[7] The embroidery is carried out directly without any underdrawing. The path from self-expression to artwork passes through technique: the prick of the needle that alternately moves between surface and depth, that literally perforates the surface and anchors the yarn beneath, is not least of all a metaphor for the poetic crossing of borders in art and literature which peer "behind" the superficial. It also contains the masculine metaphor of penetration, into a culture, into the foreign or other, in a complex game of inside and outside, past and present.

That lines don't necessarily interweave or tangle is demonstrated in the drawing *Blick aus dem Fenster* (*View From The Window*, p. 55). Horizontal and vertical lines of ink extend beyond the confines of the pictorial space out into the infinite. The gaze out of the window into the world is a gaze through the latticework of perception. In the interrelation of inside and outside, of microcosm and macrocosm meanings

emerge. In *Unter freiem Himmel* (*Under Open Skies*, p. 33) further play-
ful combinations come to light. Encased constructions of thought, life
and emotions interlock and are carefully disposed within and alongside
each other – and yet arbitrarily combined. An assemblage of geometrical
shapes this artwork represents a subtle, minimal work that experi-
ments with fullness and emptiness with graphic clarity.

Fragments

The artist as nomad is often thought of as wanting to always continue
on their way, a restless subject who in a sort of voluntary de-confine-
ment from disagreeable circumstances indulges in the myth of per-
petual migration. But the nomad too establishes an intense relationship
to borderless territories and as such becomes someone who doesn't
want to or have to leave anymore. *Oft geklebt, seit 1968* (*Often Stuck,
Since 1968* p. 32) tells of the ravages of time and, at the same time, of
preserving and maintaining, of keeping and repairing – ever since 1968
as can be established with precision. The broken piece of the lamp's
fixture that can incidentally be found in the Rudolf-Scharpf-Gallery
also constitutes a fragment, a delicate scrap that creates a slight fissure.
Reusing daily objects and their potential for being transformed into
art is a concept. Household items that Alice Musiol uses for installations are sometimes later re-employed by the artist. In the textile col-
lage *Zurück* (*Back*, p. 37) which is made from old work pants the dirty
hems are sewn together with visible stitches. The improvised and neg-
lected are expressed by this rag rug; the yarns aren't tied and hang
loosely, a tatter of fabric peels off the wall. These works lie in the tradition of New Realism, the movement founded by French critic Pierre
Restany, which committed itself to the removal of barriers between
art and life, between esthetic value and banality, between artistic form
giving and mass production of industrial society. Gérard Deschamps'
patchworks from the 1970s made out of women's clothes, for example,
not only render the traces of an absent body visible, but also conceal
figurative and compositional elements. The textile work *Zurück* has
a second link to the artwork *ausgezogen* (*removed*) which has already
been mentioned: the skin-colored fabrics are of the same material and
allow to view clothing as a second skin, as a metonym of the human
body, as a symbol for socio-cultural identity, as a relic with metaphys-
ical signification. The rag rug reflects another, contrasting experience,
namely that of the protective covering which the earlier work *Pilger*
(*Pilgrim*, fig. 8) literally comes to bear. The artist has tediously knit

six kilograms of wool.[8] A piece of yarn has come loose and got caught in a thistle threatening to dissolve the meshwork if moved, just as a careless stitch in the seam the rag rug constantly tears open. Dissolving outer covers and stripping free of inauthentic forms and identities, Alice Musiol's work seems to demonstrate, turns the act of radical self-alienation into a moment of becoming oneself.

Returning is part of wandering. After 21 years, Alice Musiol returned to Poland in 2002 for the first time after the relocation of her family to West Germany, with memories of the difficult political situation and rushed resettlement still in mind. The video work *Revolution* (p. 46, 47) was made in a hotel in Katowice. Soft rain falls on the window, a gentle breeze moves the curtain at the window. Strikes and protests have grown silent. Revolution has become a memory. Peace but also *ennui*, that terrible boredom, accompanies the retreat into the private sphere where curtains protect against uninvited glances. Silence can also be deceptive: The quiet of the storm announces future revolutions. The curtain as a shield from view is given a theatrical emphasis in the exhibition's most spatially dramatic work (p. 38, 39). The dark, heavy velour curtain with its shimmering surface leaves the curtain rod, spreads out amply into countless gathers and folds draped along the floor and in a long trail sweeps back up to the curtain rod. The striking arrangement and artful execution of the draperies which are so valued in old master paintings here receive a sensorial quality. Alice Musiol uses materials for all of their esthetic possibilities. Although textiles are generally cut, sewn and combined, fabric here is extended to installations. The surreal production with its spreading and returning folds of cloth occupies all three dimensions and visually expands its surrounding space. Penetrating elegance creates absurdity, which in turn suggests that peoples' private spheres are them too a series of endless loops.

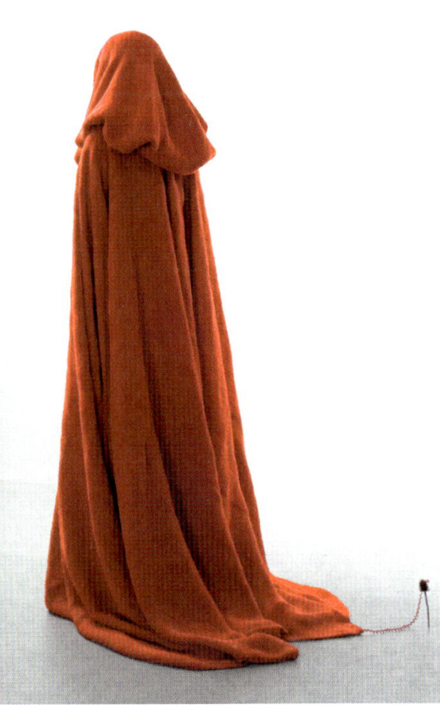

Alice Musiol spells out life stories, creates humoristic, ironic, at times enlivening at times disturbing but at all times pointed positions on the human condition. As already stated, the nomad will never reach the Promised Land and has no certainty of salvation. And that is what it says in black and white on Alice Musiol's notebook If Dead Dial Hell (p. 41).

1. Gilles Deleuze/Felix Guattari, A Thousand Plateaus. Capitalism and Schizophrenia, University of Minnesota Press 1987___ 2. Lars Gustafsson, „Die neuen Nomaden und ihre Tugenden" in: LETTRE International Nr. 45, p. 92f ___ 3. Marc Augé, Non-Places. Introduction to an Anthropology of Supermodernity, Blackwell Publishers 1995 ___ 4. Michel de Certeau, Kunst des Handelns, Berlin 1988, p. 192ff ___ 5. Heinrich Eduard Jacob, Sechstausend Jahre Brot, Hamburg 1956, p. 201ff ___ 6. Debra Diamond/Catherine Glynn (Hg.), Garden and Cosmos. The Royal Paintings of Jodhpur, Thames & Hudson, 2008 ___ 7. Exh. Cat. Alice Musiol. Stickstoff, Textilmuseum Bocholt 2004, p. 7; Exh. Cat. Alice Musiol. über leben, Kunstmuseum Bonn 1999, p. 10 ___ 8. Exh. Cat. selbst/porträt, Drochtersen-Hüll / Schloss Agathenburg, p. 21

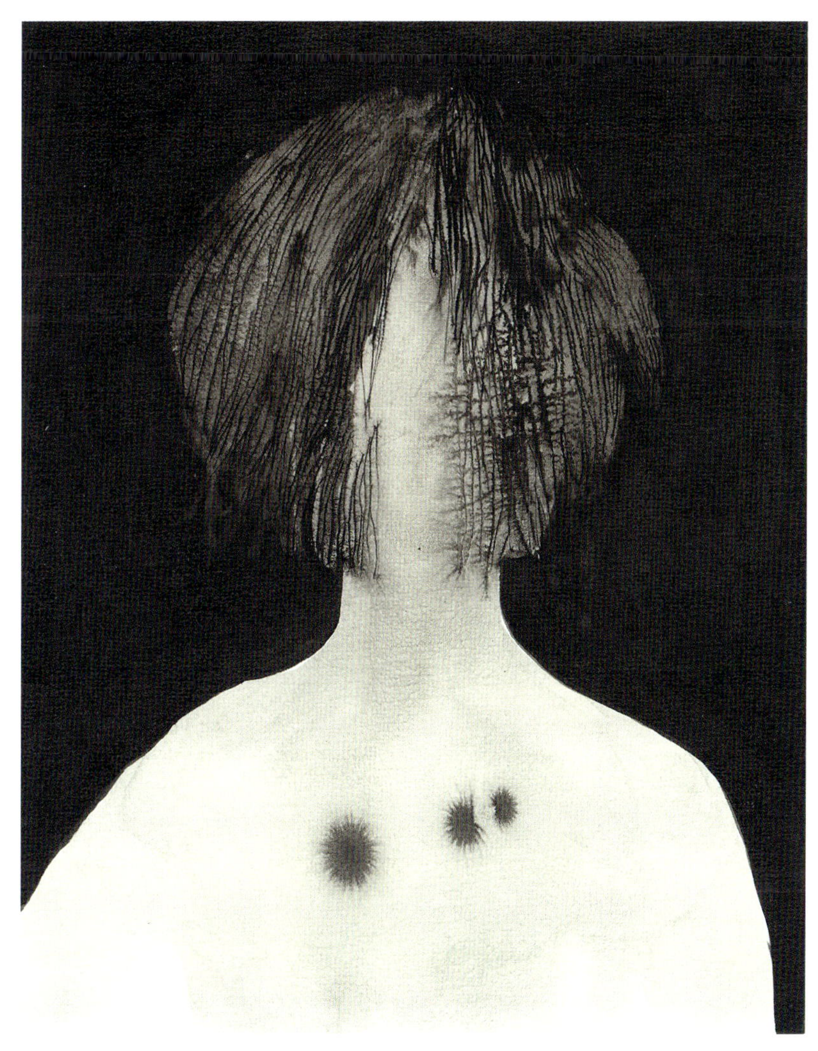

Ohne Titel
Untitled
2010

Ohne Titel
Untitled
2010

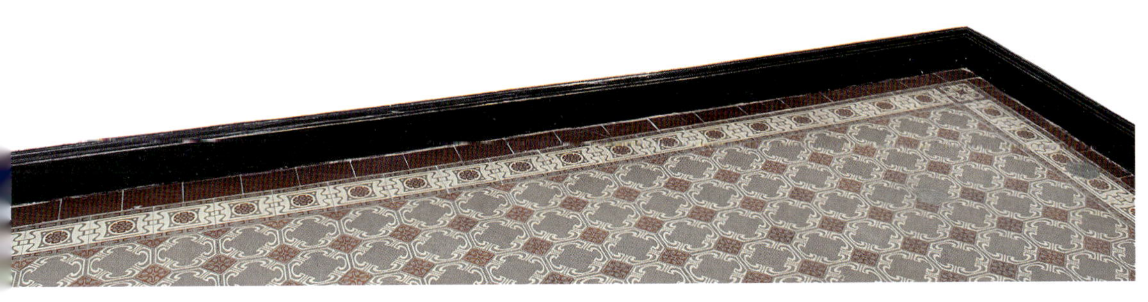

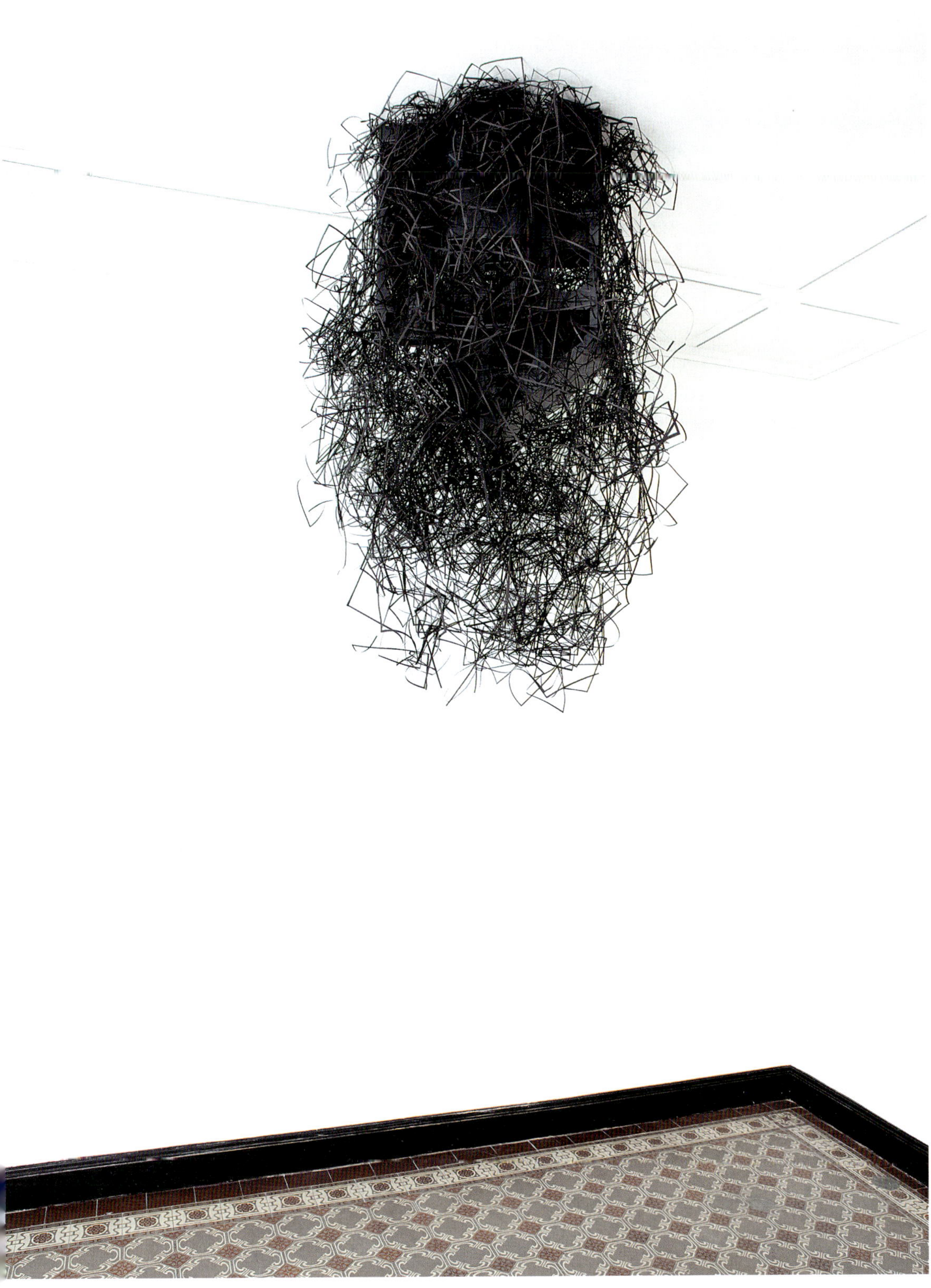

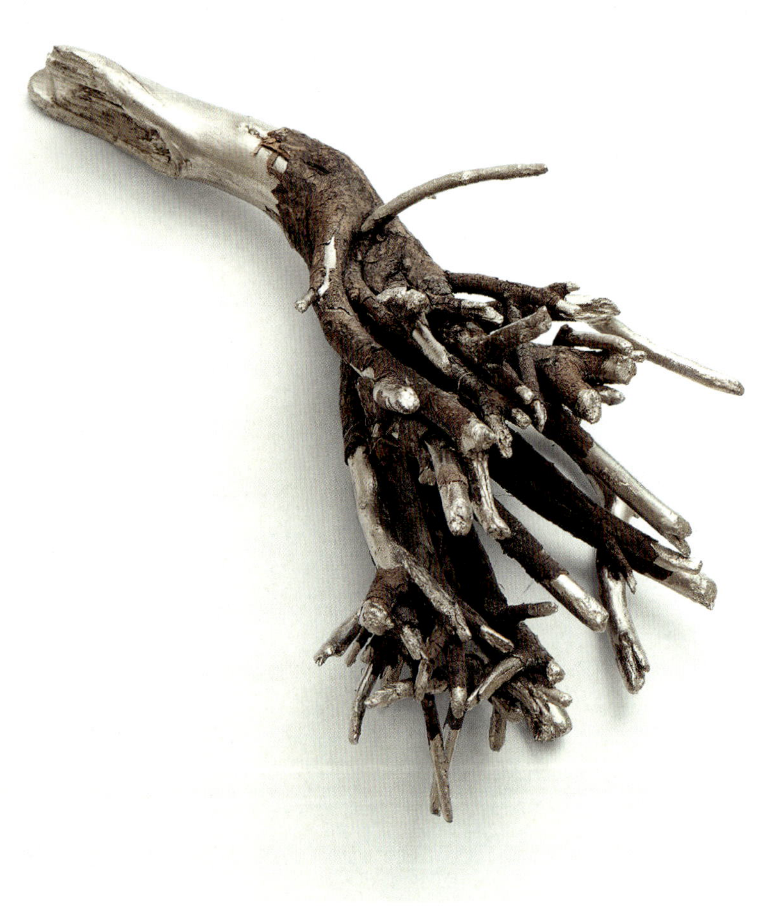

Treibgut
Floatsam
2010

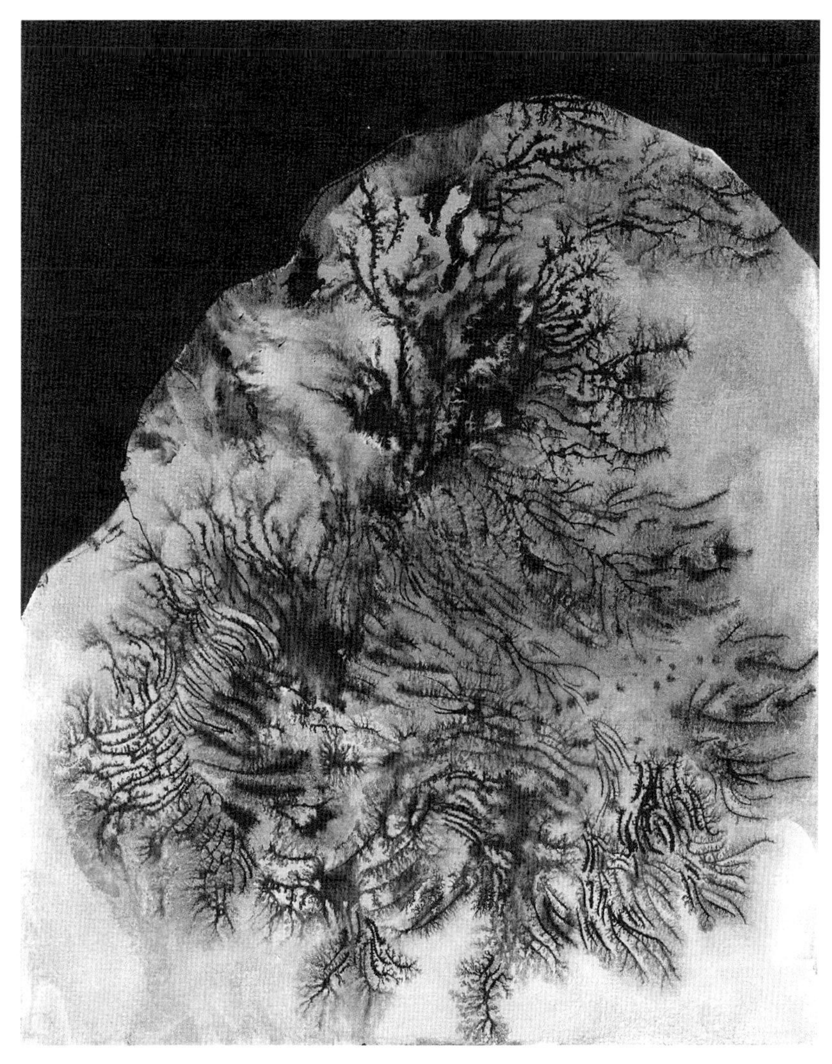

Ohne Titel
Untitled
2010

Ohne Titel
Untitled
2009

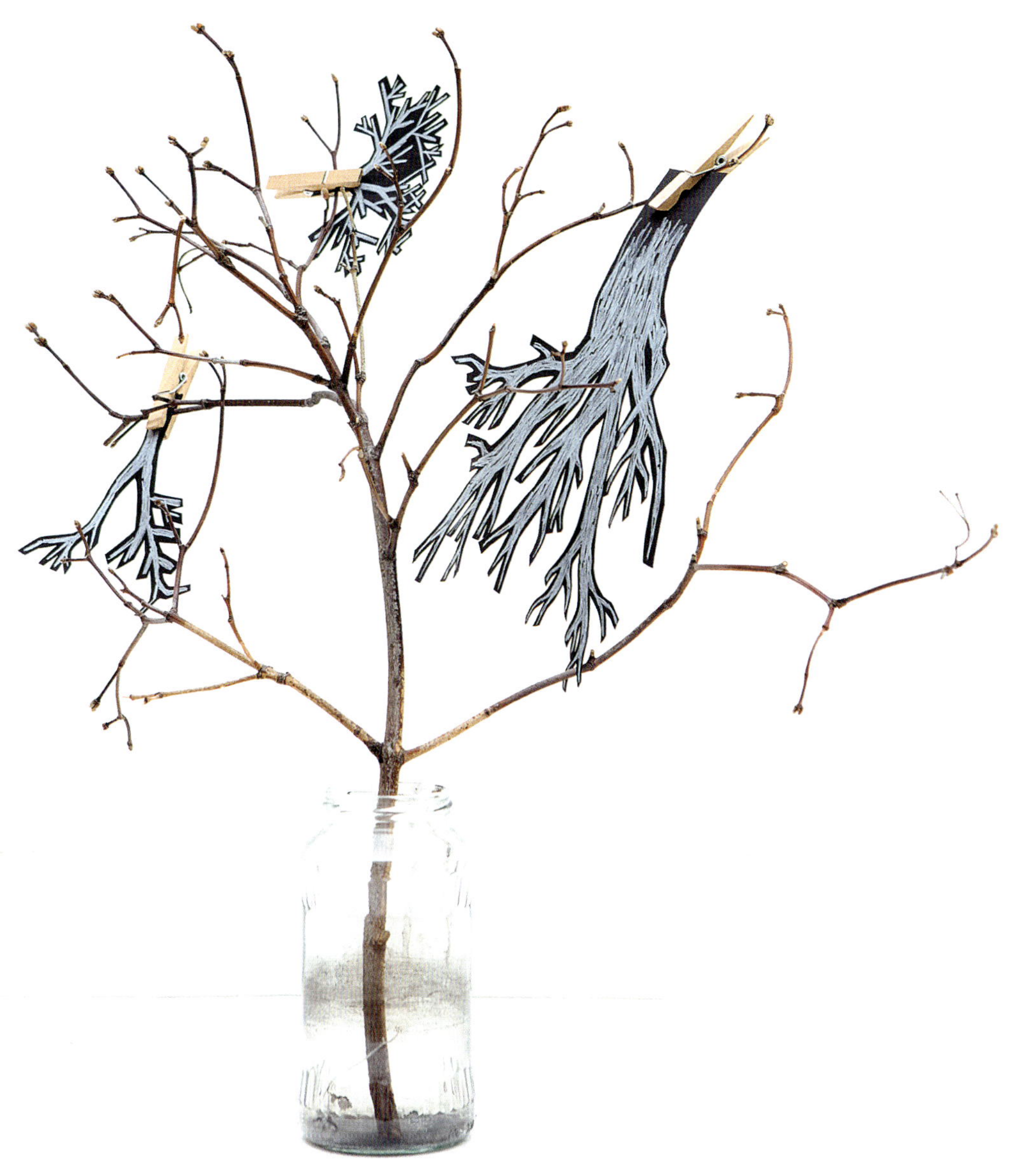

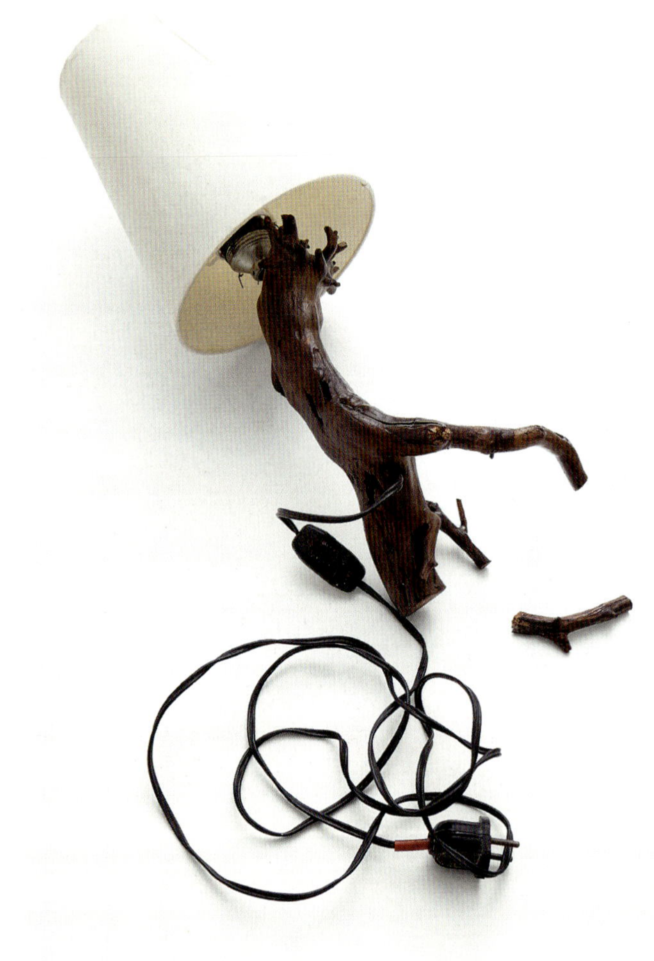

Oft geklebt, seit 1968
Often Stuck, Since 1968

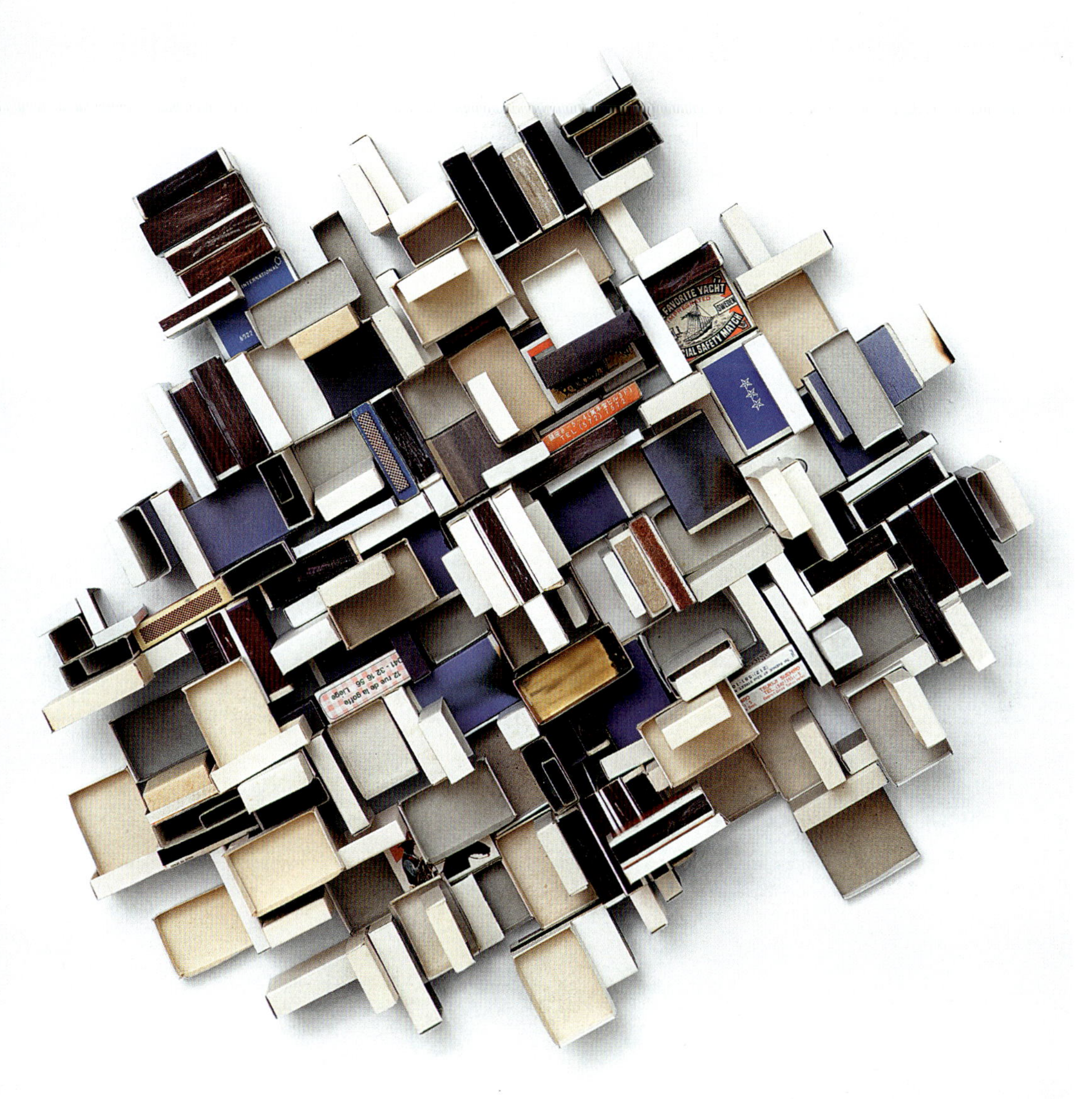

Unter freiem Himmel
Under Open Skies
2010

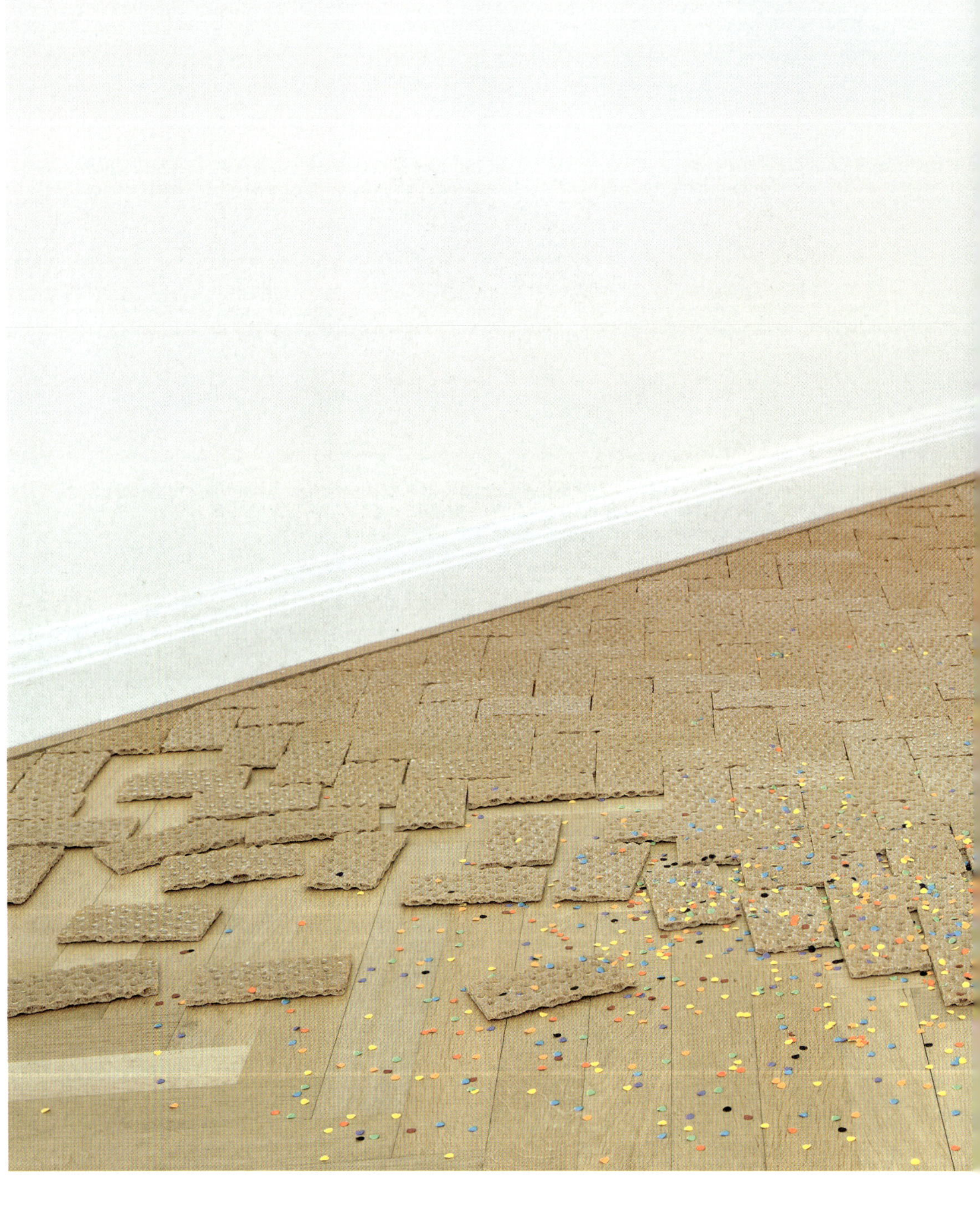

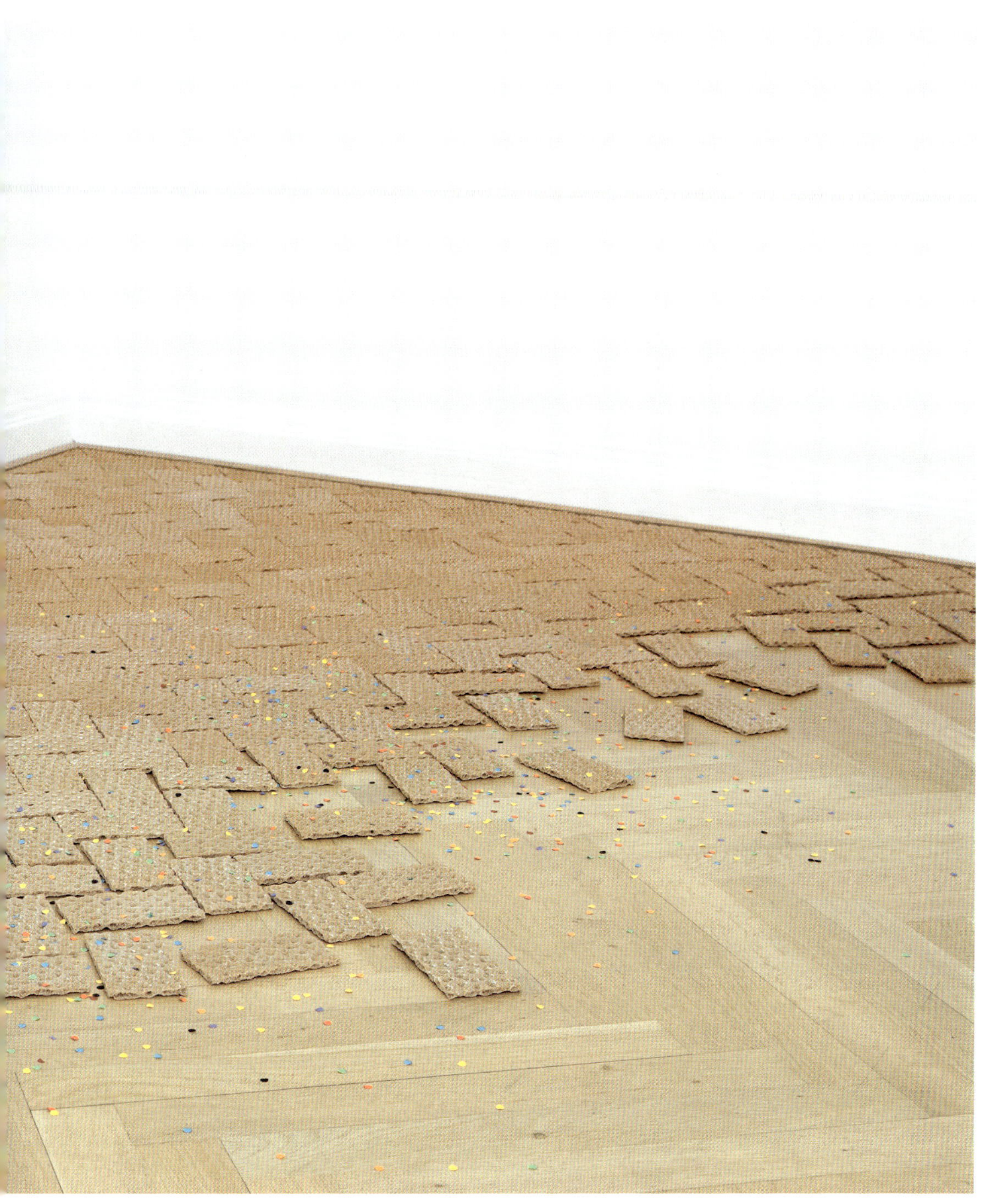

Happy Birthday
2010

Zurück
Back
2010

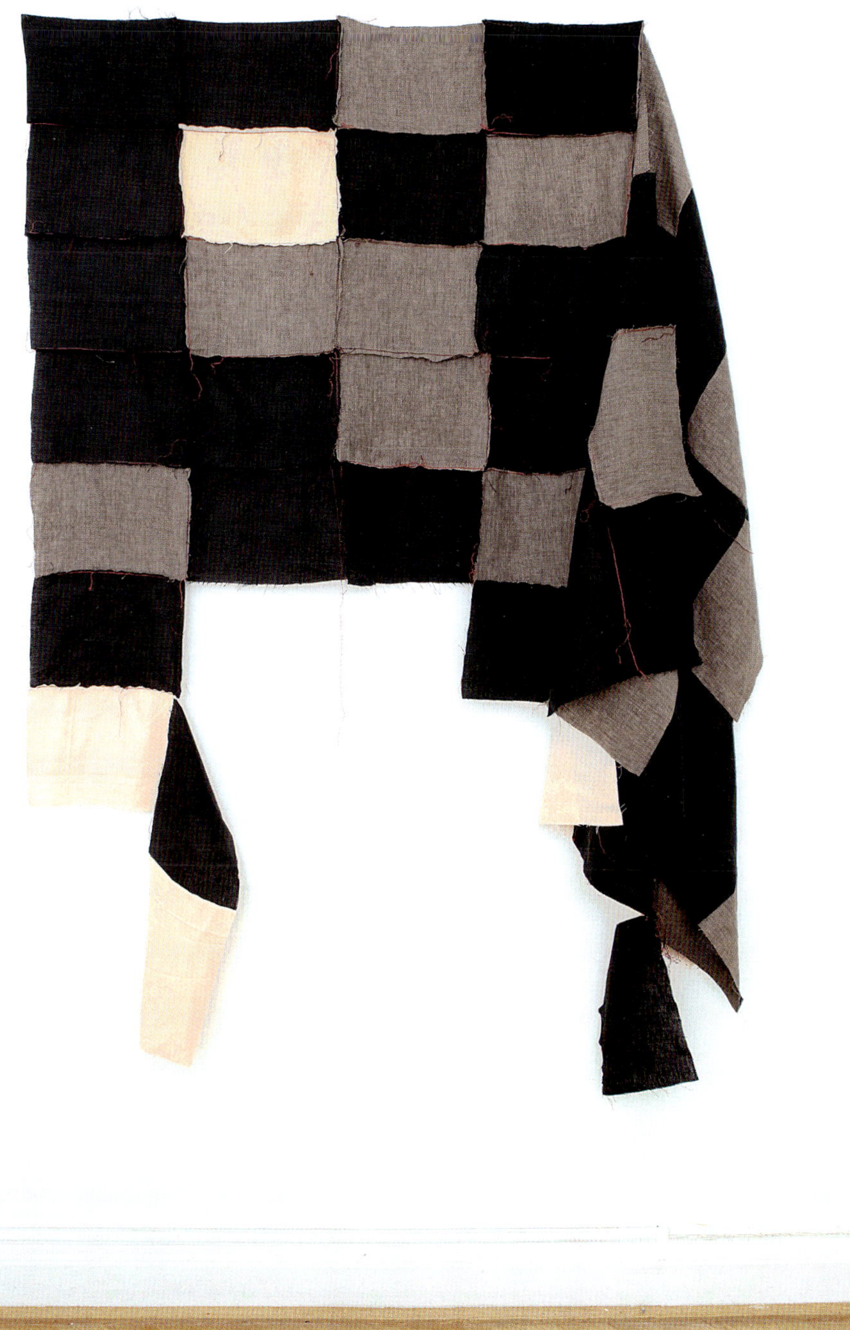

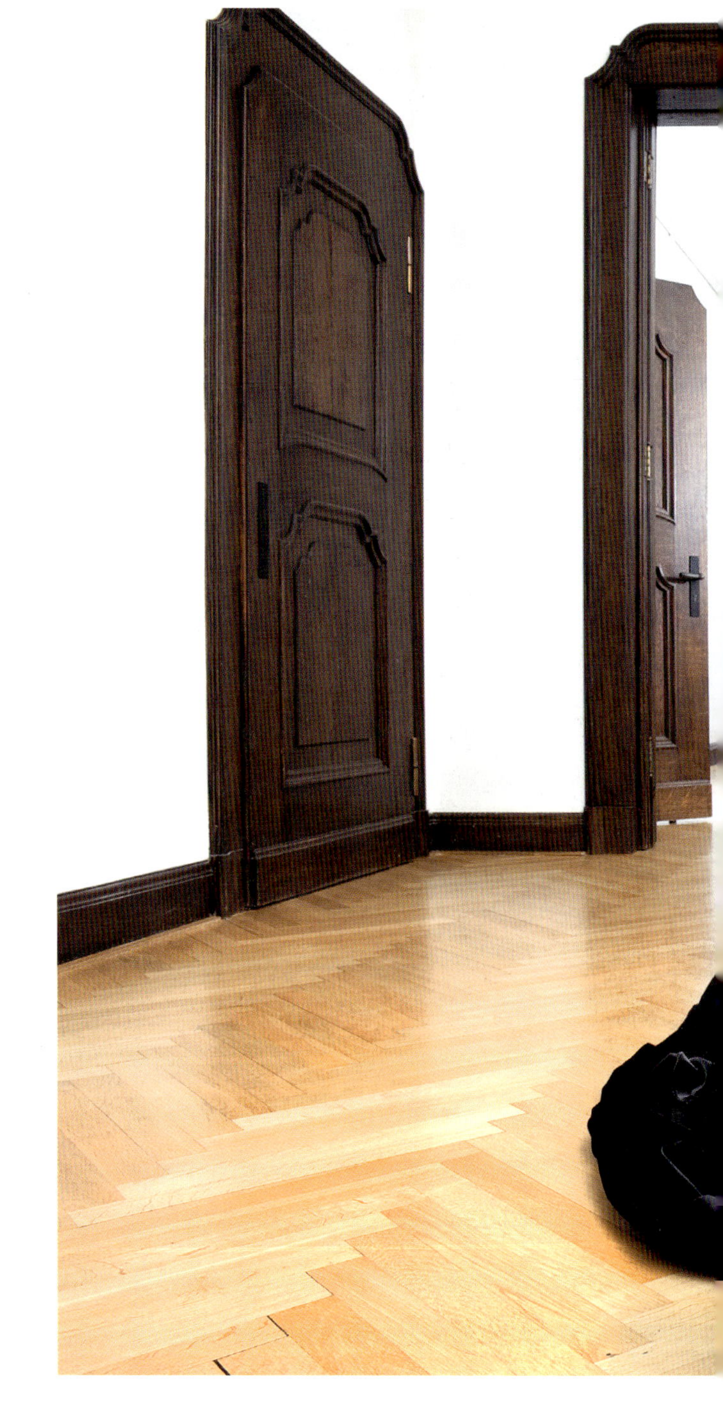

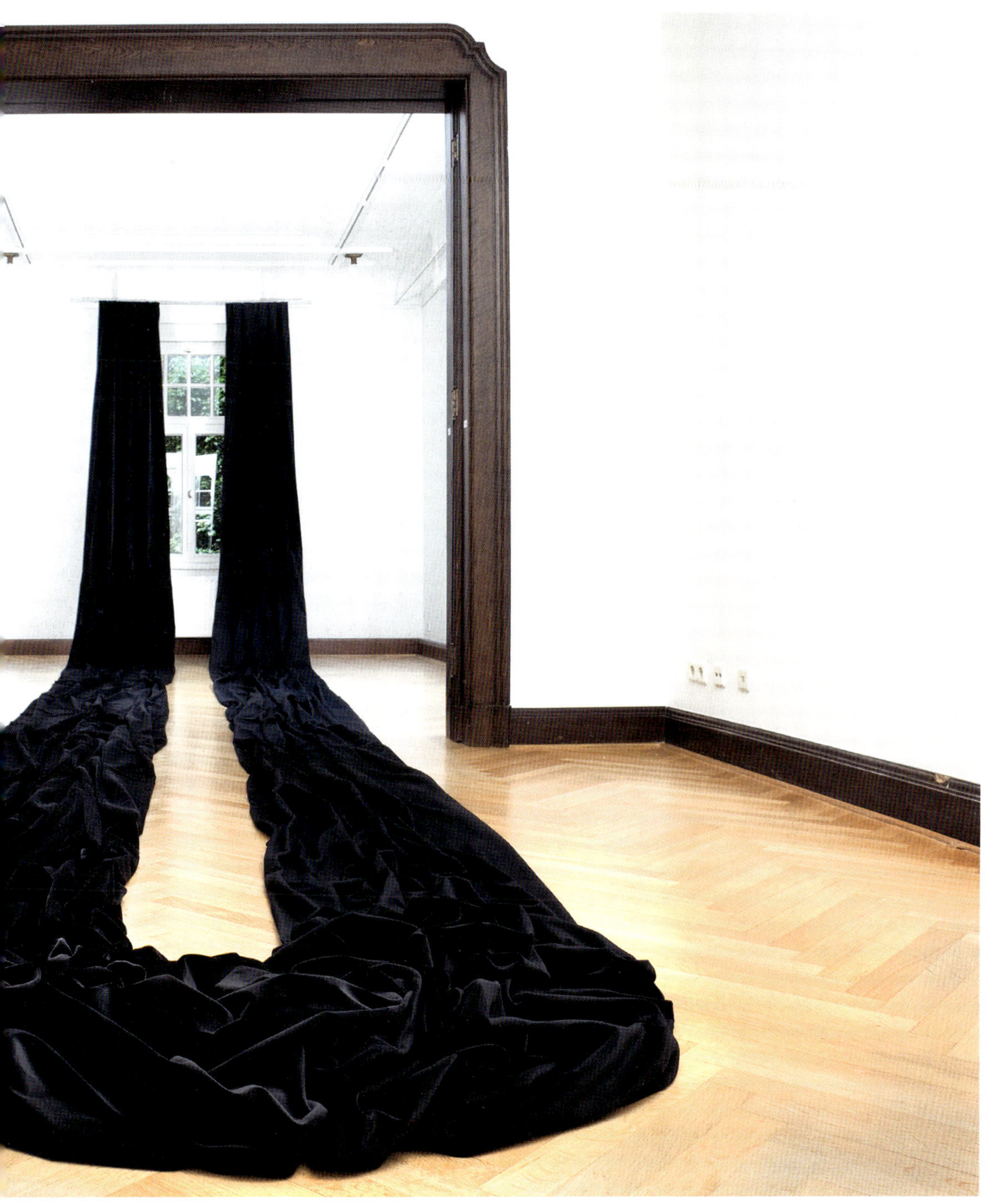

Ohne Titel
Untitled
2010

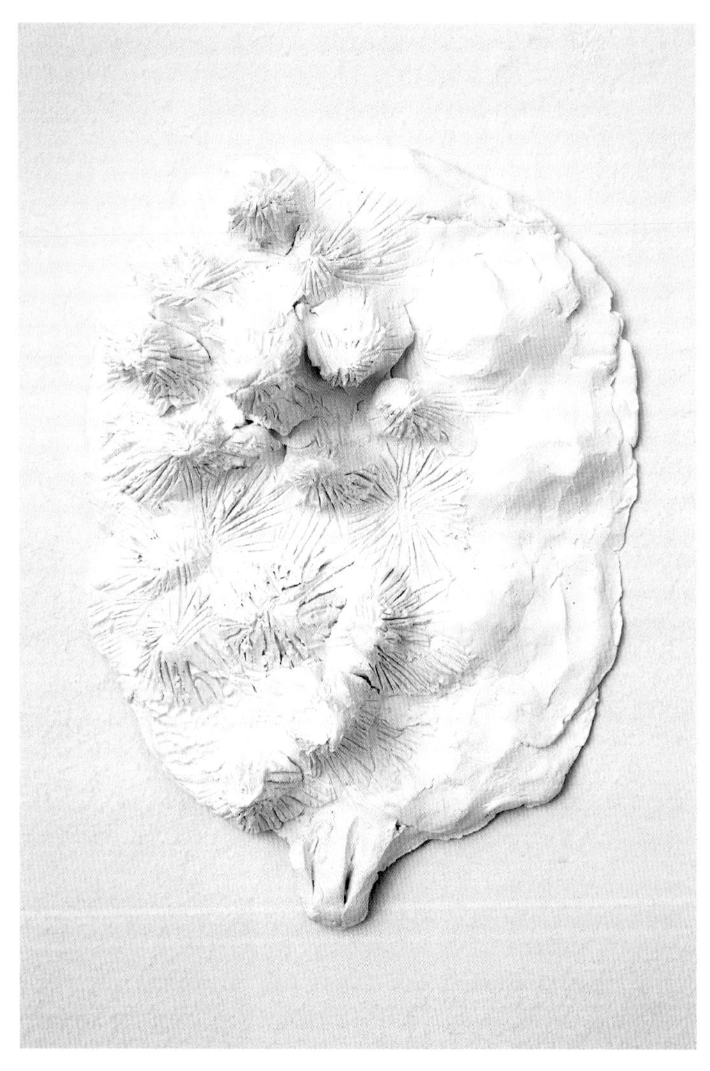

Landschaft
Landscape
2010

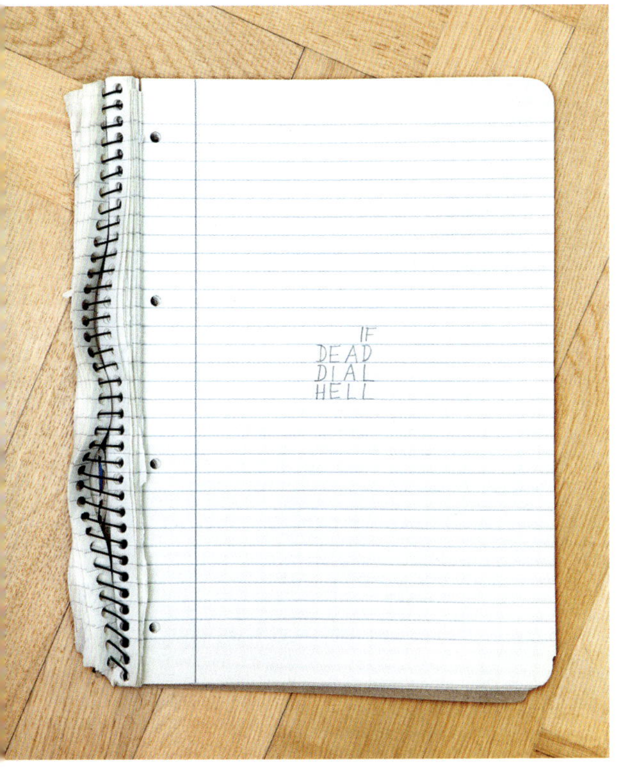

If Deud Dial Hell
2010

Ha Ha Ha Aha Ha Ha
(Detail)
2010

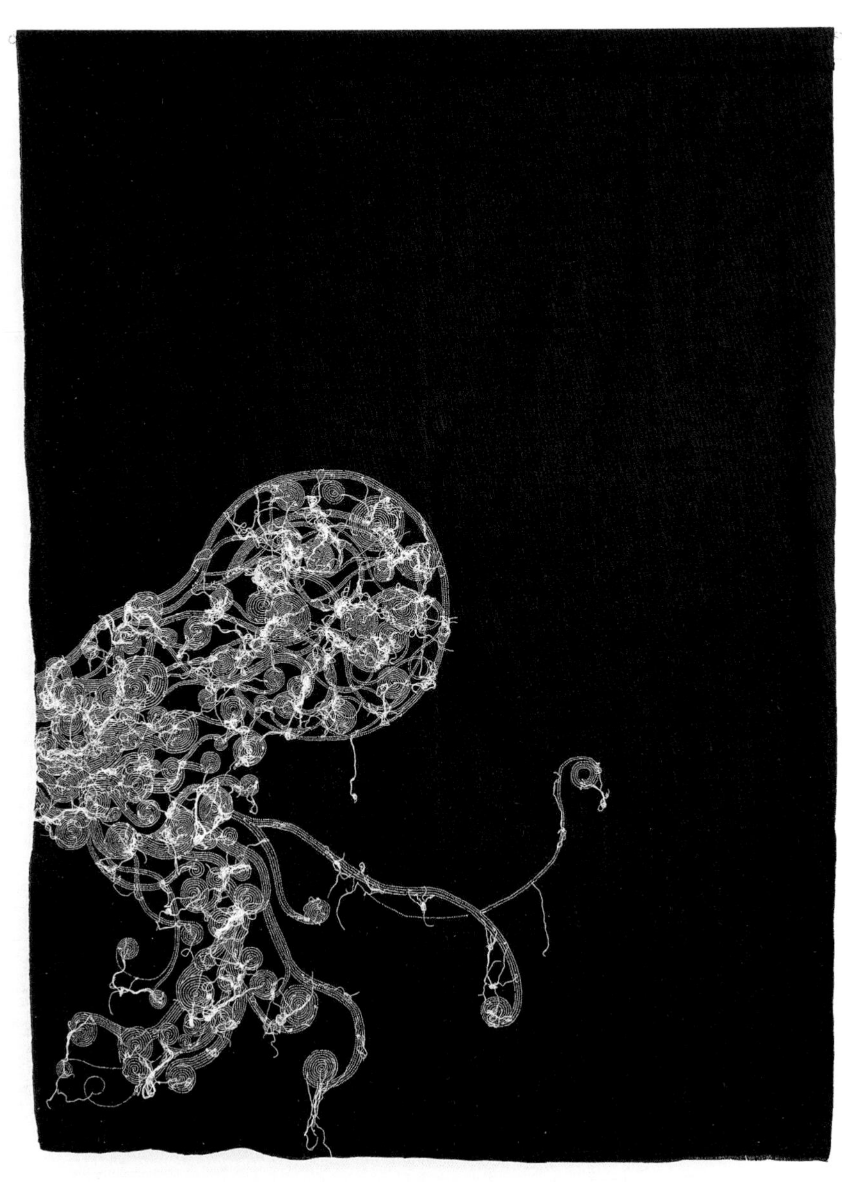

When Tears Don't Cry
(Rückseite / Back)
2010

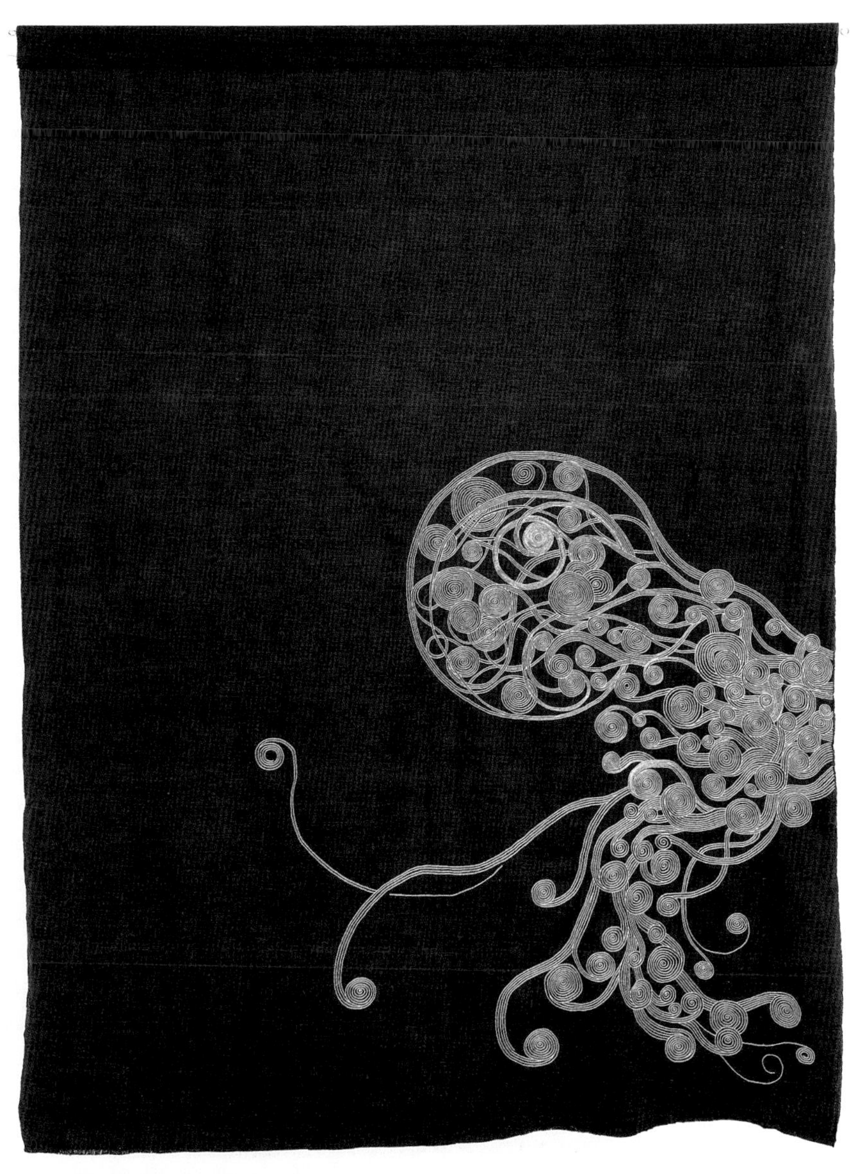

When Tears Don't Cry
(Vorderseite / Front)
2010

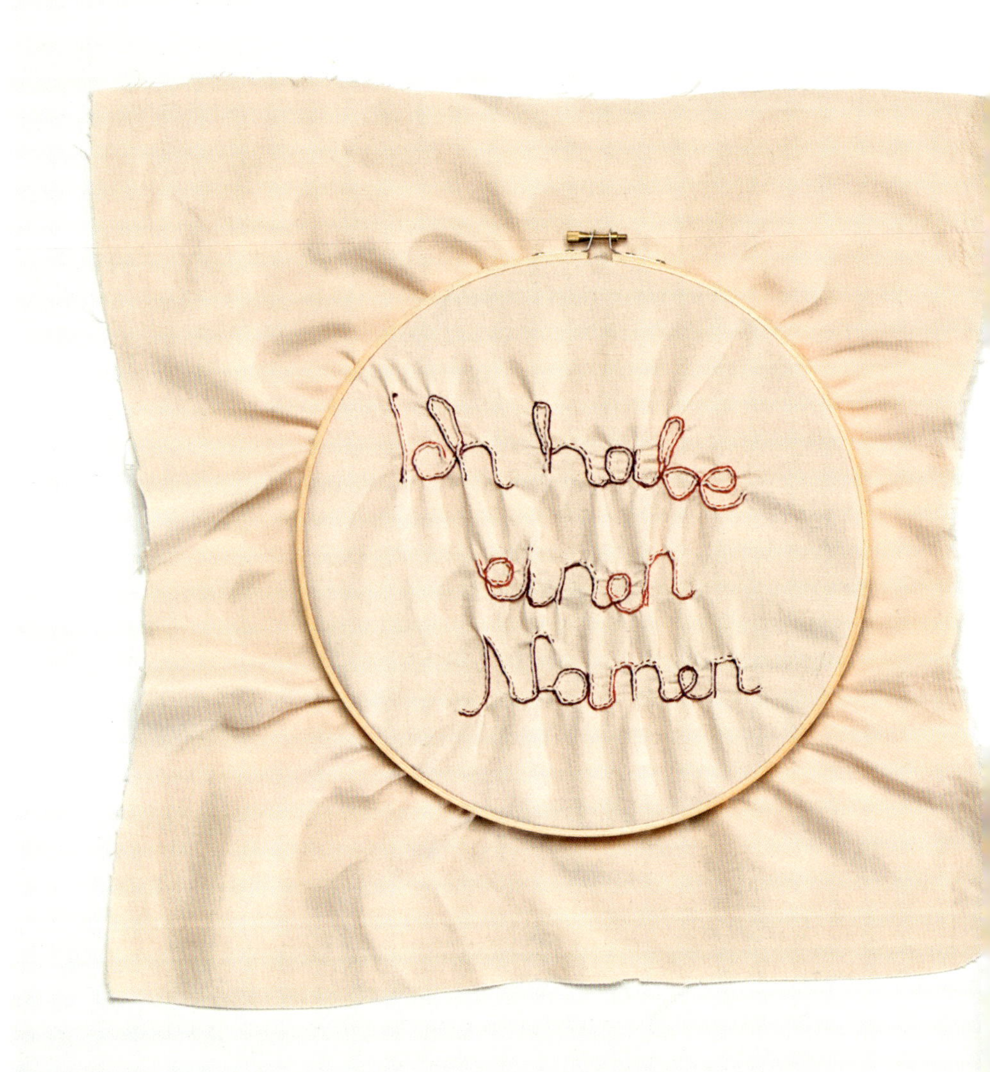
Ich habe
einen
Namen

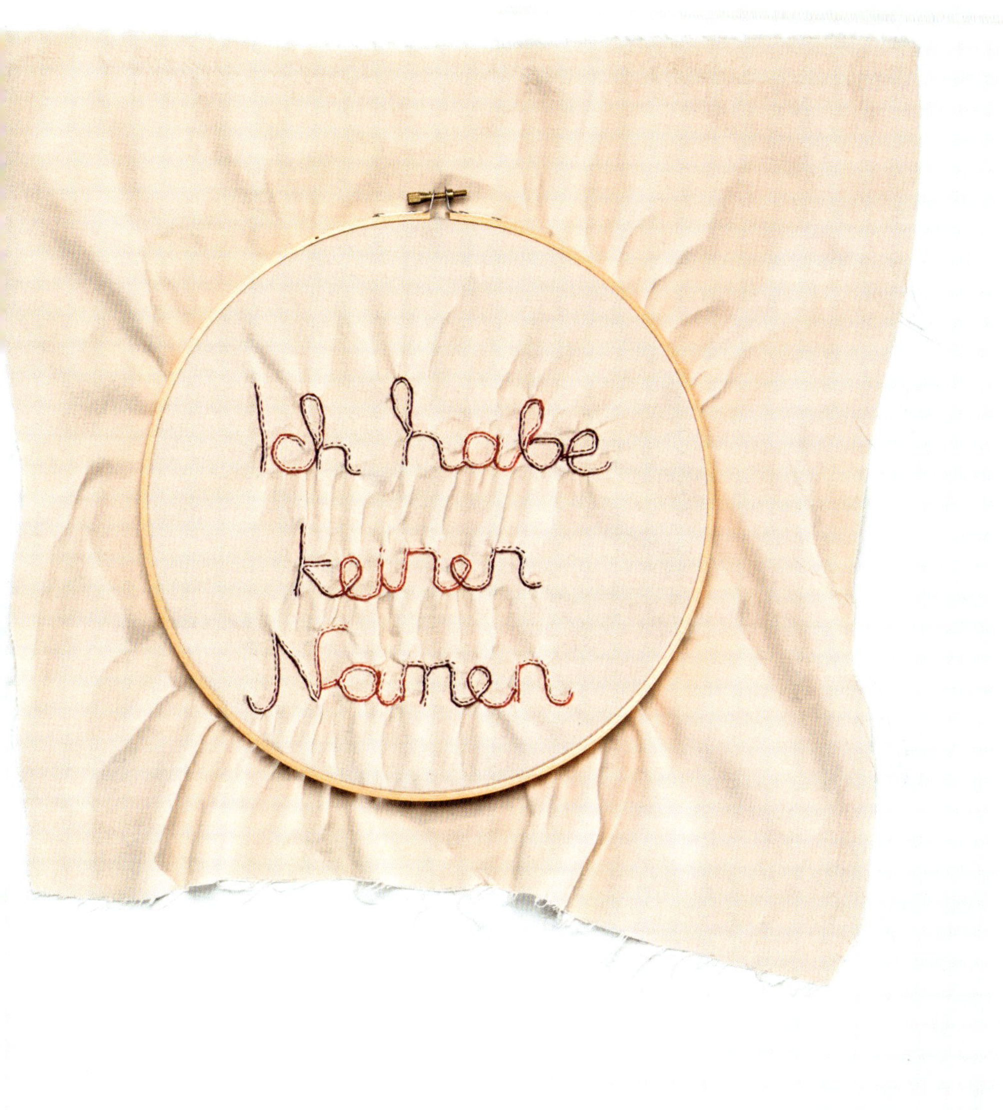

Ich habe einen Namen. Ich habe keinen Namen
I Have A Name. I Have No Name
2009

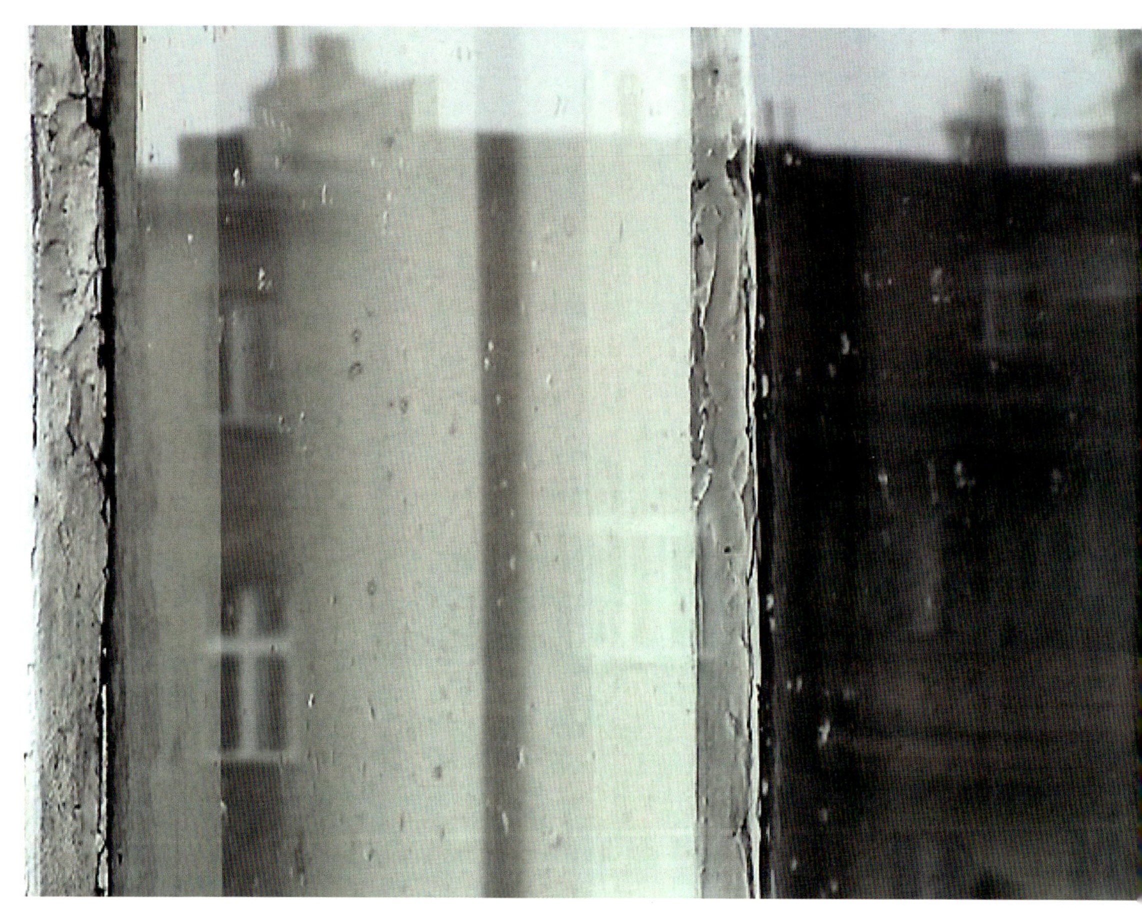

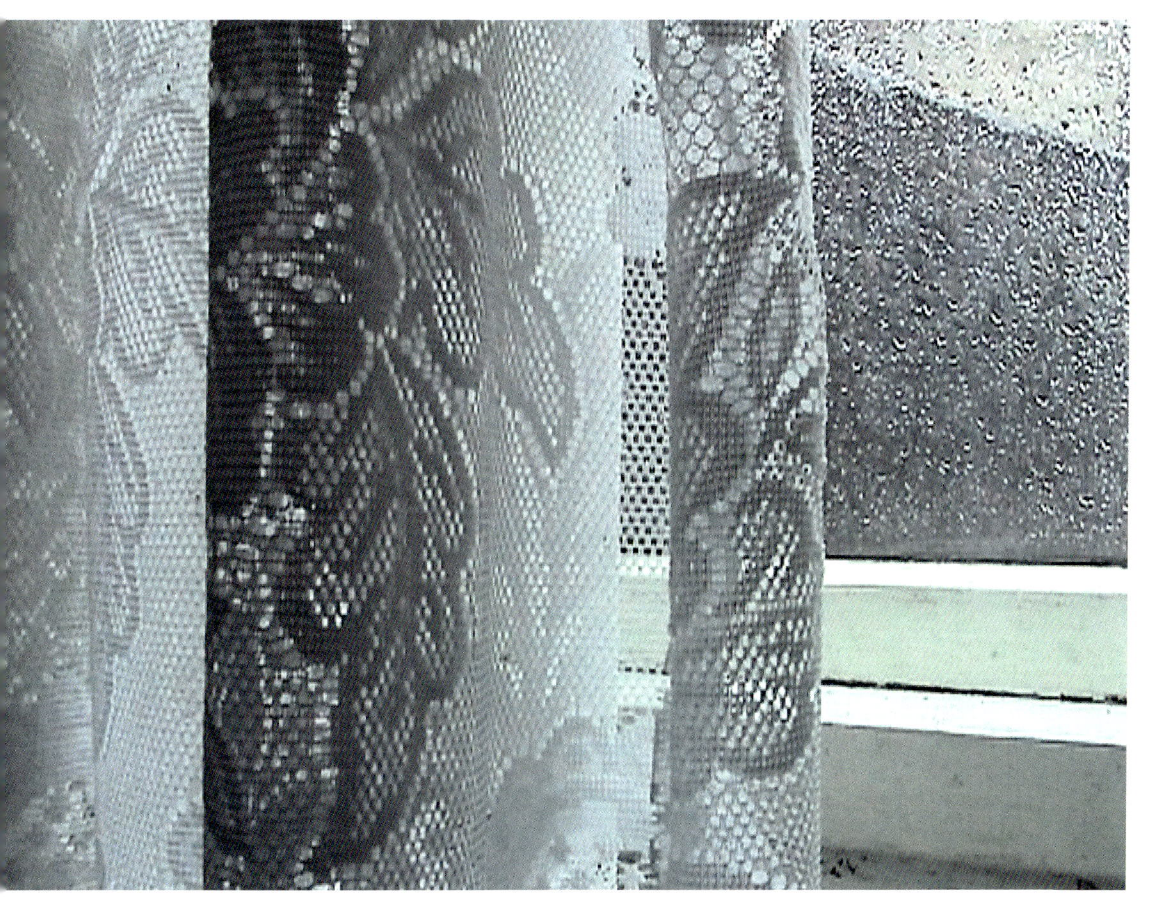

Revolution
2002

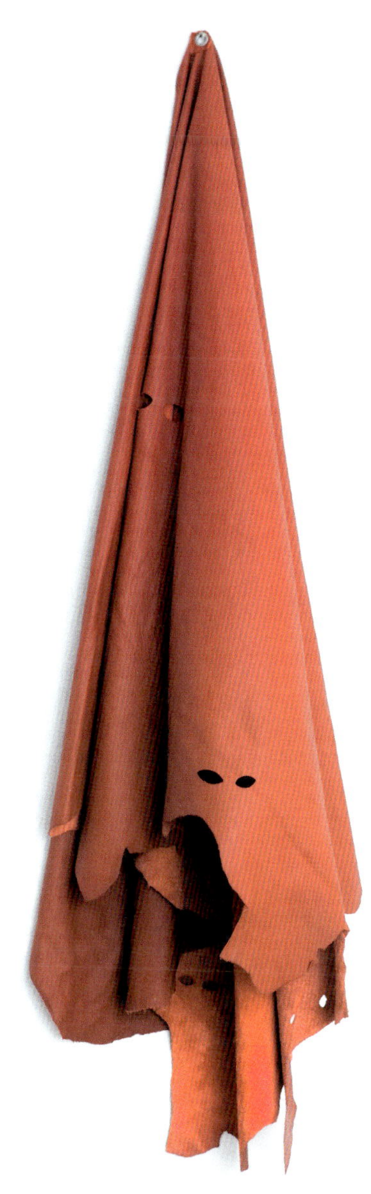

Ohne Titel
Untitled
2010

Einziehen, Ausziehen, Weiterziehen

Nicola Marian Taylor

Innen-Außen

Leere Häuser sind wie getragene Kleider. Selbst wenn man (sie) auszieht, gehören sie irgendwie noch zu uns. Diese Hüllen unseres Daseins werden mit der Zeit zu einer Art Erweiterung unserer Selbst. Das Äußerliche verwebt sich mit dem Innerlichen. Ein eigenartiger Prozess.
Nach dem Tod meines Großvaters wollte ich als junges Mädchen das Schlafzimmer meiner Großeltern nicht mehr betreten. Als sei die Trauer dort, wo er so lange lag, stärker als im Rest der Wohnung.
Als meine Großmutter drei Jahre später starb, gab man mir als 18-jährige den Auftrag, ihre Schuhe zum Roten Kreuz zu tragen. So lief ich los mit der großen Tasche. Mir war es, als vertraue man mir einen Teil ihrer Seele an. Mir fiel es schwer, diese Last zu tragen - und noch viel schwerer, sie abzugeben.
Meine Großmutter wurde eingeäschert und ihre Asche begraben.
Wer läuft nun in ihren Schuhen?

Immer weiter

Meine Augen schweifen durch mein kleines Pariser Wohnzimmer. Acht Umzüge in zehn Jahren. Ein paar unausgepackte Kisten vom letzten Umzug stehen noch in der Ecke. Hinziehen, wegziehen, einziehen, ausziehen … Etwas zog mich hierher. Und etwas anderes zog mich immer weiter.
Der letzte Umzug war ungewollt. Nichts zog mich. Ich wurde geschoben. Es war der dramatische Höhepunkt einer zerbrochenen Beziehung, die mit prosaischen Sätzen wie »Die Lampe kriegst Du nicht!« endete. Ich mochte sie aber so gern, diese kleine rote Lampe, und erinnere mich genau, wie ich sie damals im Laden erspähte. Es war Liebe auf den ersten Blick. Zuhause packte ich sie sorgsam aus, stellte sie mit Bedacht an den perfekten Ort - als platzierte ich ein Kunstwerk - und verbrachte hunderte Lesestunden in ihrer warmen Nähe. „Aber sie gehört vielmehr mir als dir!«

Die Erinnerung an diese Lampe sticht mich noch mit Bedauern.
Von anderen Dingen habe ich mich einfacher getrennt.

Wie Eidechsen

Ab welchem Moment werden Gegenstände zu Besitztümern, Sachen zu
Hubseligkeiten? Beim Klingeln der Kasse? Beim wöchentlichen Abstau-
ben? Oder mit jedem Fleck und Kratzer, die das anonyme Alltägliche
quasi schamanistisch transformieren und magisch an uns binden?
Manche Objekte werden zu richtigen Vektoren unserer Identität. Fami-
lienschmuck und Erbstücke spielen oft eine derartige Rolle. Vom Hoch-
zeitsgeschirr der Vorfahren gegessene Mahle schmecken halt doch anders.
Ein zerbrochener Teller kann zuweilen schmerzhafter sein als gebrochene
Knochen.
Der Verlust gewisser Dinge gleicht einer Zergliederung. Wie Eidechsen ziehen wir ständig weiter. Wie Schlangen lassen wir manchmal unsere Haut.

Treibgut

Wie oft hat Alice Musiol sich »regeneriert«? Mit zehn Jahren mit ihrer
Familie aus Polen in die BRD übersiedelt, ließ das junge Mädchen und
die Familie so einiges hinter sich - und fand anderes vor sich. Viele weitere
Umzüge und Aufenhalte in verschiedenen Städten und Ländern folgten.
»Dieses Stück Treibgut brachte ich eines Tages mit mir ins Atelier«, erzählt die zur Zeit in Köln ansässige Künstlerin. „Ich weiß nicht warum.
Ich setzte es auf die Fensterbank. Da blieb es wochen-, ja vielleicht sogar
monatelang liegen. Zu meinen Zeichenkursen nahm ich es mit und
setzte es mitten auf den Arbeitstisch. Die Schüler erforschten seine or-
ganischen Formen mit konzentrierten Blicken und gaben sie so gut sie
konnten auf Papier wieder. Nach dem Unterricht setzte ich es zurück
ans Fenster.«
Zeitweilig Blickpunkt der Kreativität, zeitweilig diskreter Hüter der Au-
ßenwelt wird die stumme hölzerne Präsenz eines Tages von der Künstlerin zur Kunst erkannt und zum Kunstobjekt genannt. In leuchtendes
Gold getaucht und dadurch edel getauft wird sein neuer Stand formell
begangen. Ein gefundenes Objekt durch Besitz, Andacht und letztlich
materiell vor seinem anonymen Dasein bewahrt und zur Kunst erhoben.
Wodurch wird ein Objekt zur Kunst?
Oder anders gefragt: Wann beginnt die Kunst?

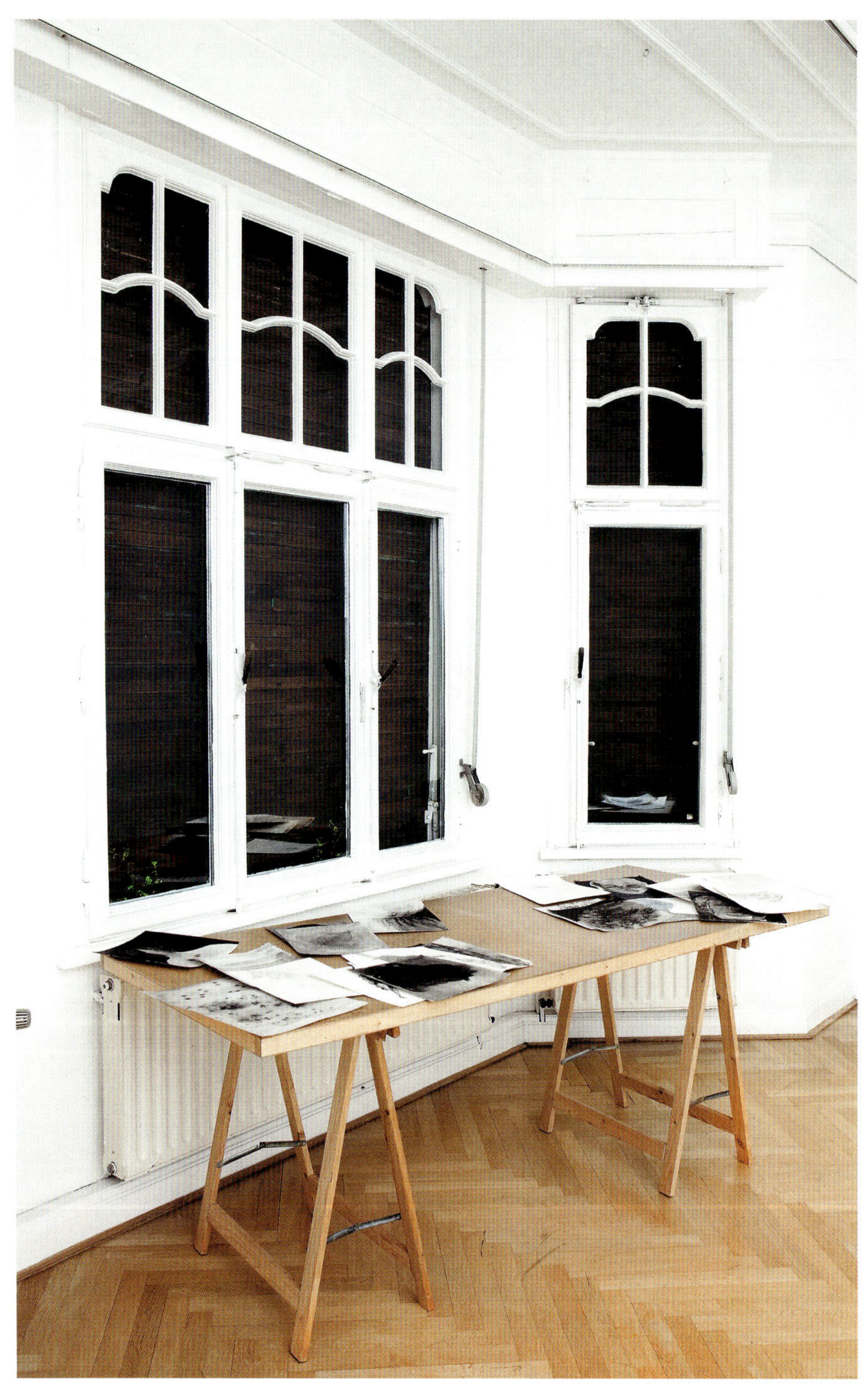

Moving out, moving on

Nicola Marian Taylor

Outside-Inside

Previous homes like worn clothes remain a part of us in a strange way. Indeed, with time they represent more than mere protection. The external and internal, the outside and inside intertwine. In a sort of reverse-process they become outgrowths of our selves. It's an odd thing.

When my grandfather died - I was a young girl at the time - I didn't want to go into my grandparents' bedroom. It was as if the pangs of mourning were stronger there where he had lain for such a long time. When my grandmother died three years later, a few days before my 18th birthday, I was given the task of bringing her shoes to the Red Cross. Off I set with my heavy load. It was as if I had been entrusted with parcels of her soul. It was hard carrying - and even harder giving away.

My grandmother was cremated and her ashes scattered.

Who is wearing her shoes today?

Moving out and on

My eyes cast a pensive glance around my small Parisian living room. My gaze rests on a few unpacked boxes from my last move. Eight moves in ten years. Moving, moving out, moving on … Something moved me to come to this city. Something else kept pulling me onwards. My last move wasn't voluntary. Nothing pulled me. I was shoved.

It was the dramatic climax of a broken relationship whose postscript were banalities such as, "You can't have that lamp!" I vividly remember the day I first lay eyes on that little red lamp in the lighting section of a big Parisian department store. It was love at first sight. At home I carefully unwrapped it, chose a perfect place and set it down as ceremoniously as if I was placing an artwork. Many hours were spent reading in its warm presence. "But it belongs to me much more than it belongs to you!"

Thinking of this little red lamp still stings me with regret.
Other things were more easily parted with.

Like snakes and lizards

When do objects turn into possessions, things into belongings? At the ring
of the cash register? With each emotion felt in its presence? With every
mark of wear and tear that transforms the materially banal and invests it
with a special energy, each scratch binding it closer to us as in some pri-
mitive ritual?

Some items become vectors of our identity, symbols of our self, totems of
our tribe. Family jewelry and heirlooms often have that kind of function.
Meals eaten from an ancestral wedding service just taste different. Broken
bowls can cause as much pain as broken bones.

Loss dismembers us. It tears us apart.
Like snakes we shed our skin. Like lizards we move on.

Driftwood

How many times has Alice Musiol regenerated parts of herself? She left
her birthplace Poland as a ten-year-old when her family decided to relocate
and start anew in West Germany, their family's country of origin. They left
many things behind - and found other things ahead.

"I decided to bring this piece of driftwood that I had found on a beach with
me to my studio one day," recounts the artist who currently lives in Cologne. "I don't know why. I put it in the windowsill and it stayed there for
weeks, maybe even months. I would take it with me to the drawing lessons
I regularly give. Once there, I'd set it down in the middle of the table. The
students would examine its organic forms with great concentration and
draw it the best they could. Afterwards, I'd take it back to the studio with
me and return it to its spot by the window."

One morning, upon entering her studio, the artist looks at the piece of wood
and realizes that over time it has become something else. A silent witness
and passive protagonist of her creative process for months its reality has
changed. The artist anoints its ends with gold, in a sort of material cele-
bration that confirms the object's right of passage. She declares it art. A
found object elevated to the ranks of art through possession, time and creative energy.

What makes an object art?
Perhaps we should ask: When does art begin?

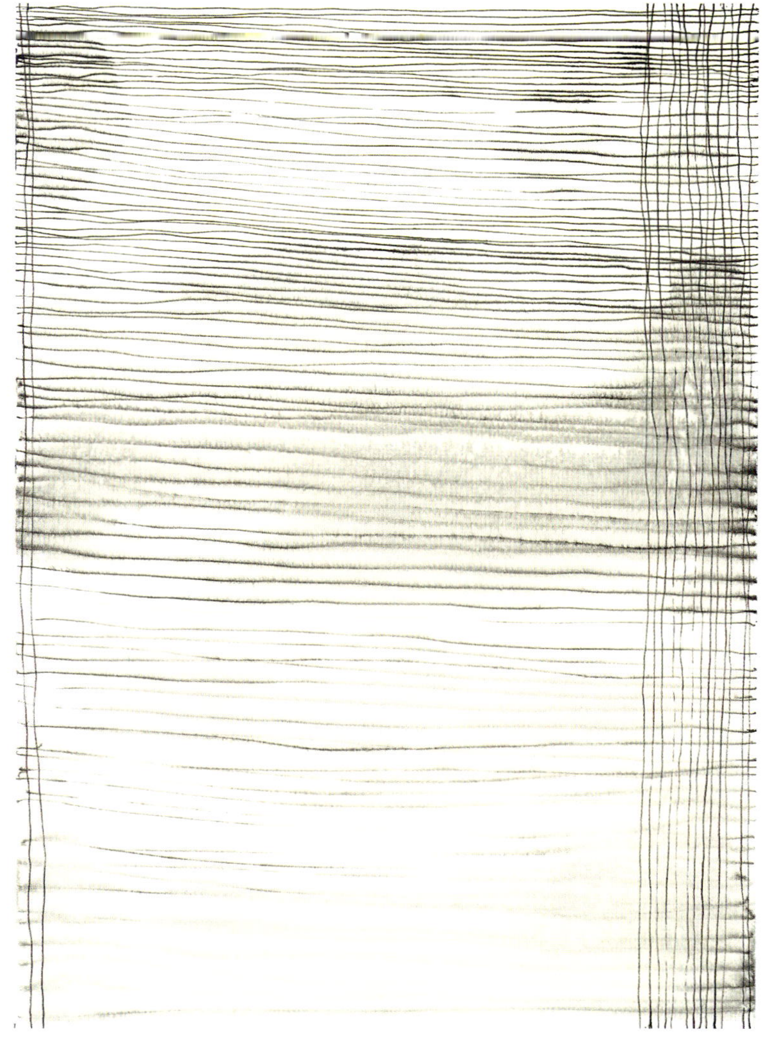

Blick aus dem Fenster
View From The Window
2010

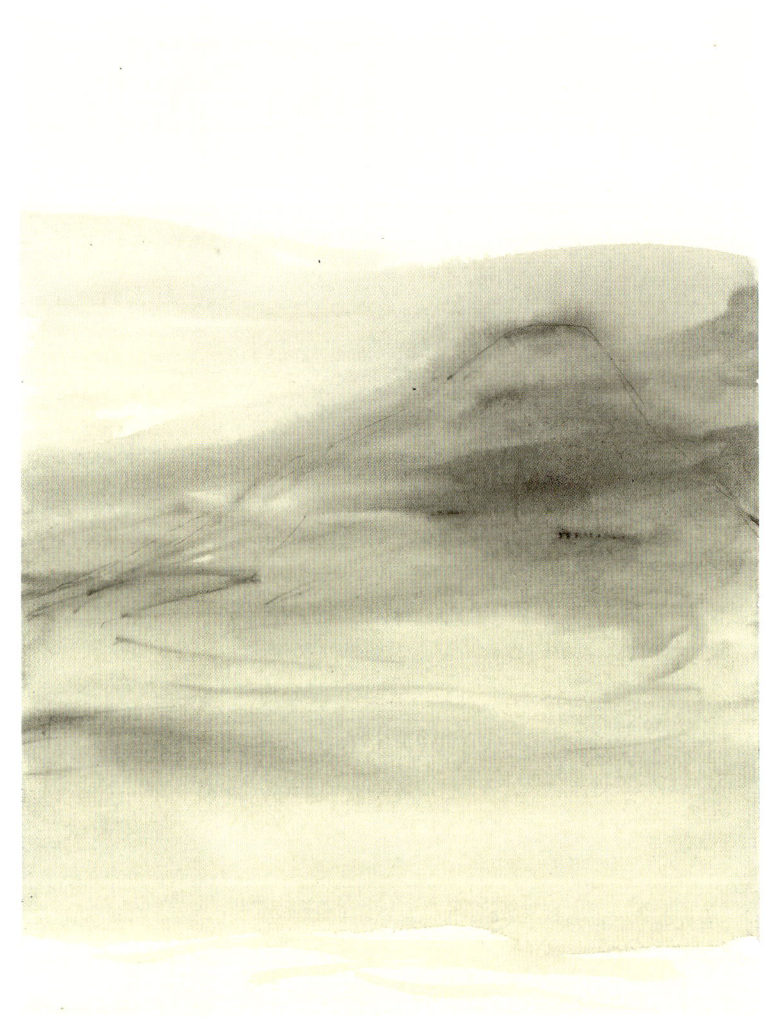

Ohne Titel
Untitled
2010

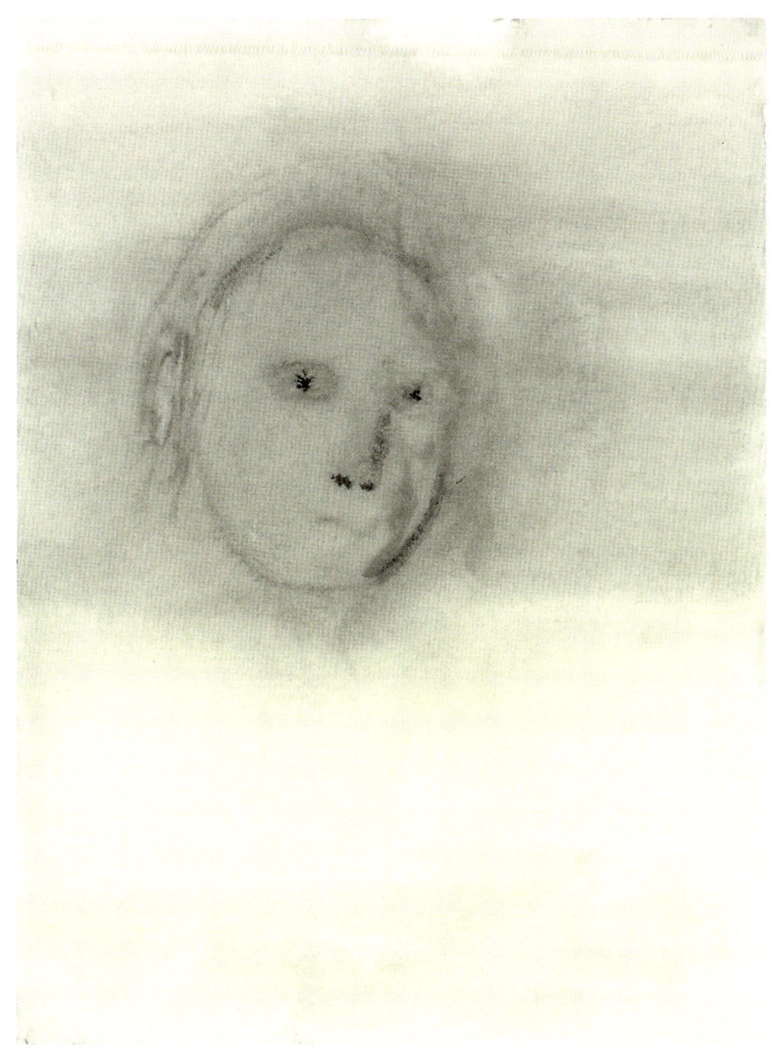

Zartes Gesicht
Tender Face
2010

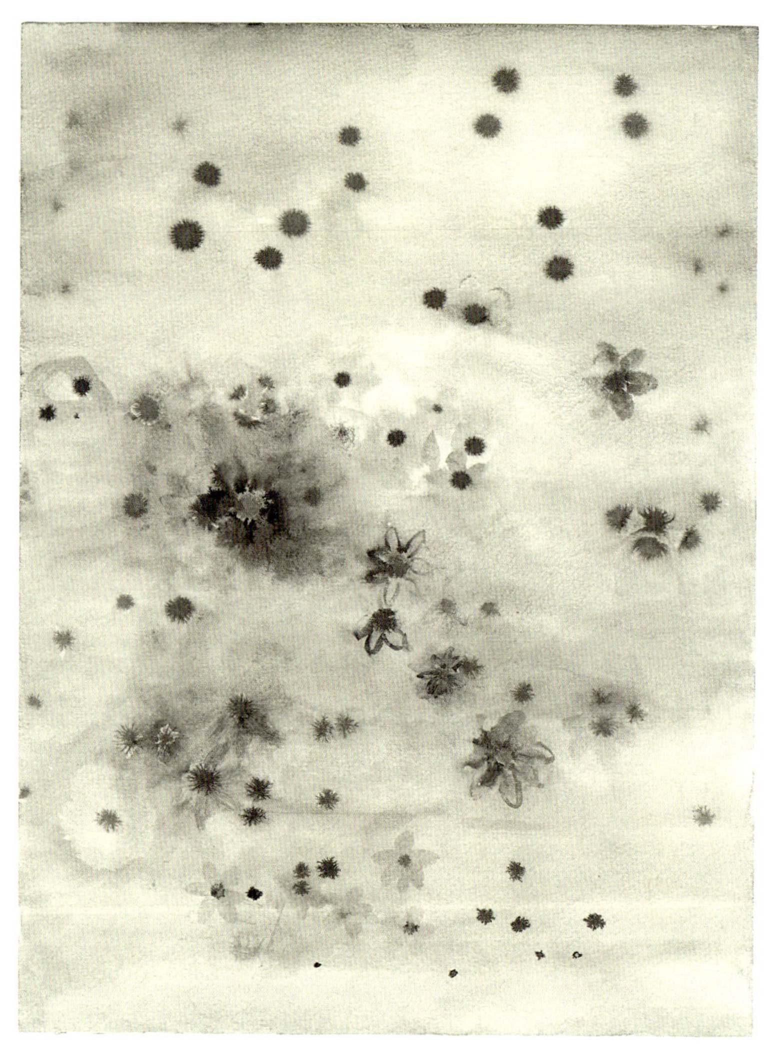

Tapete
Wallpaper
2010

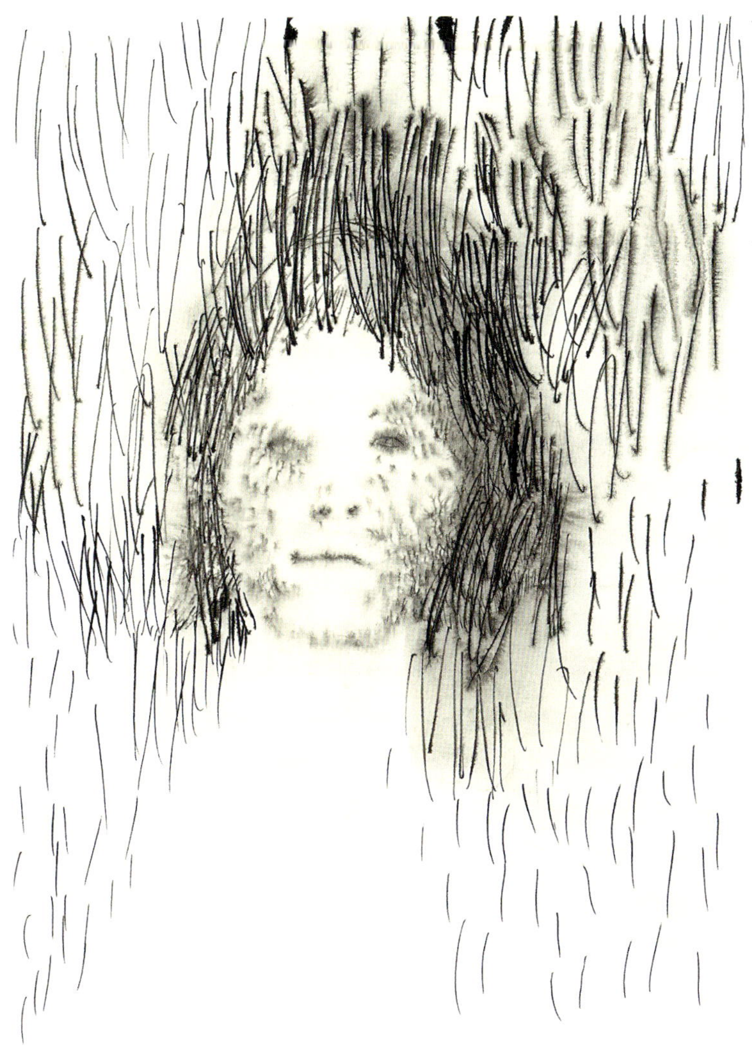

Gut gelaunt im Regen
Cheerful In The Rain
2010

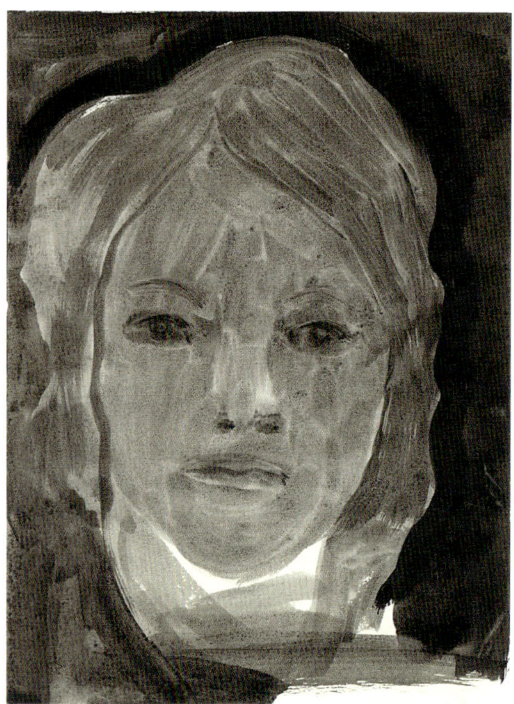

Selbstporträt
Self Portrait
2010

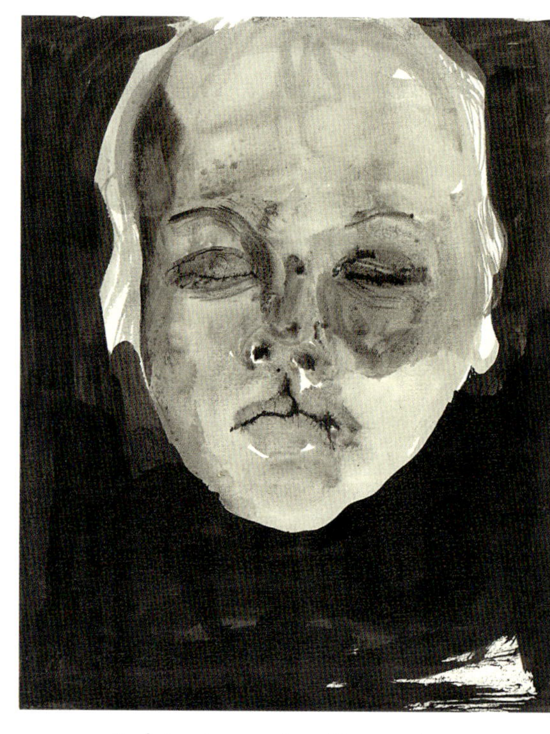

Kopf eines Jungen mit geschlossenen Augen
Boy With Eyes Closed
2009

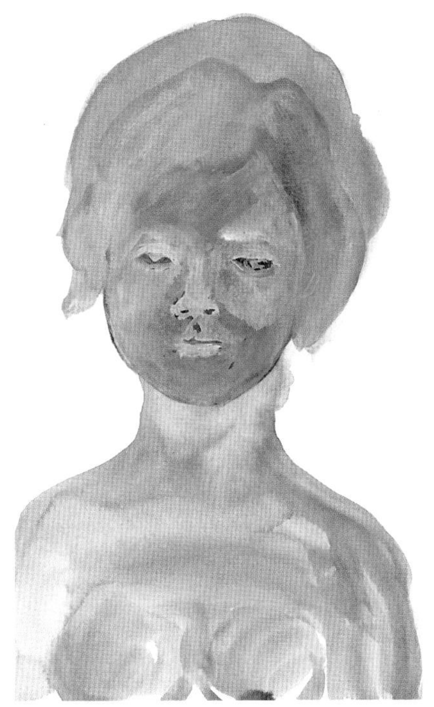

Gesicht einer kleinen Frau
Face Of A Small Woman
2010

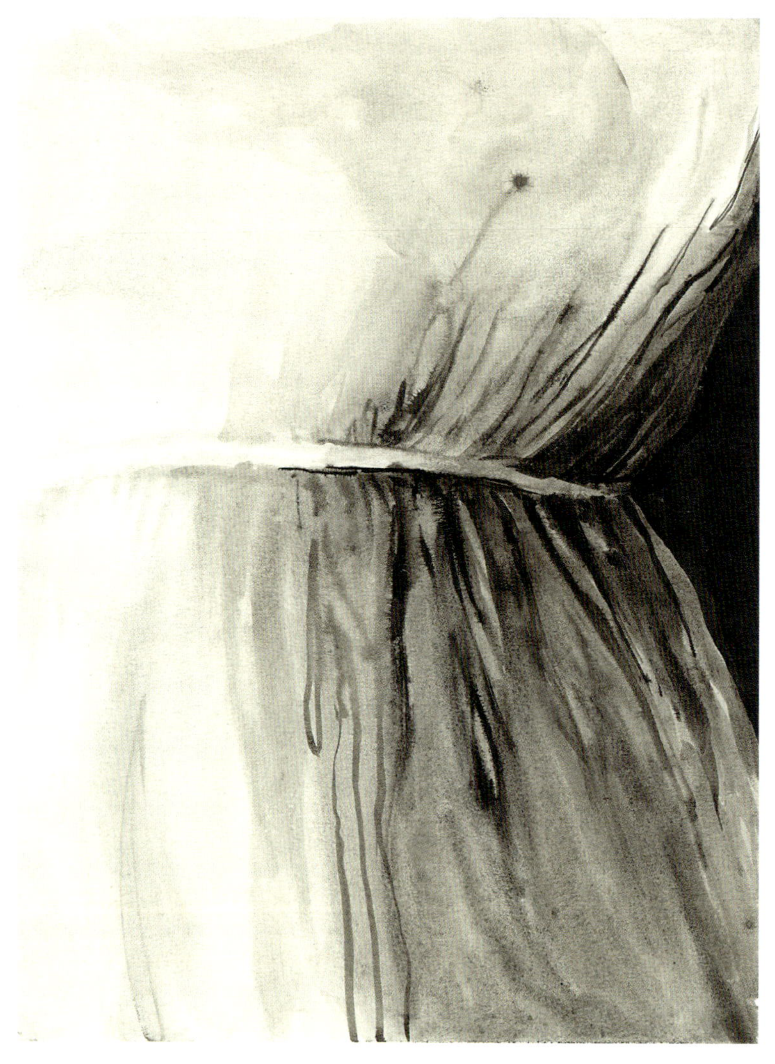

Mündung
Outlet
2010

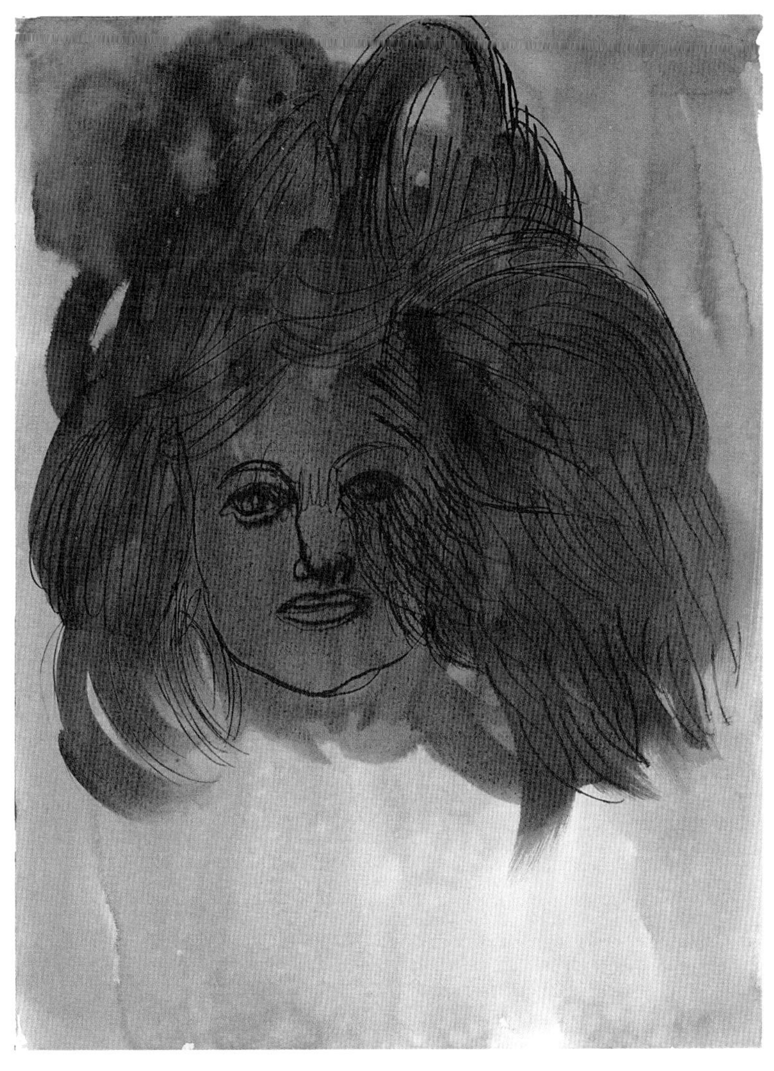

Ungekämmt
Unkempt
2010

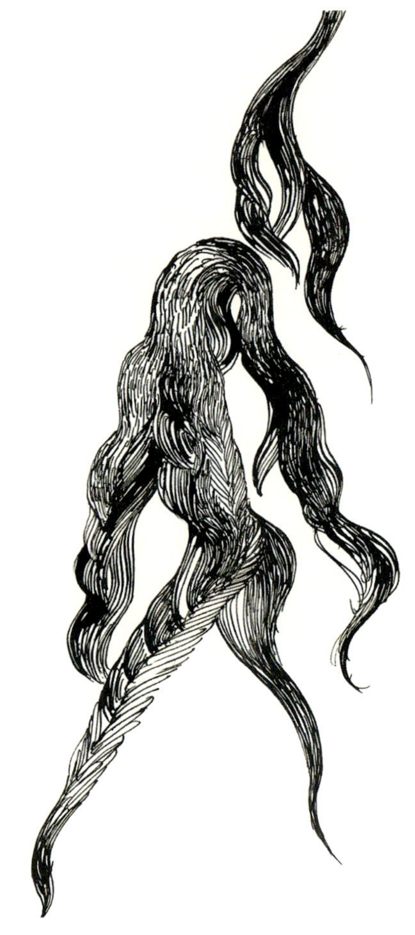

Ohne Titel
Untitled
2009

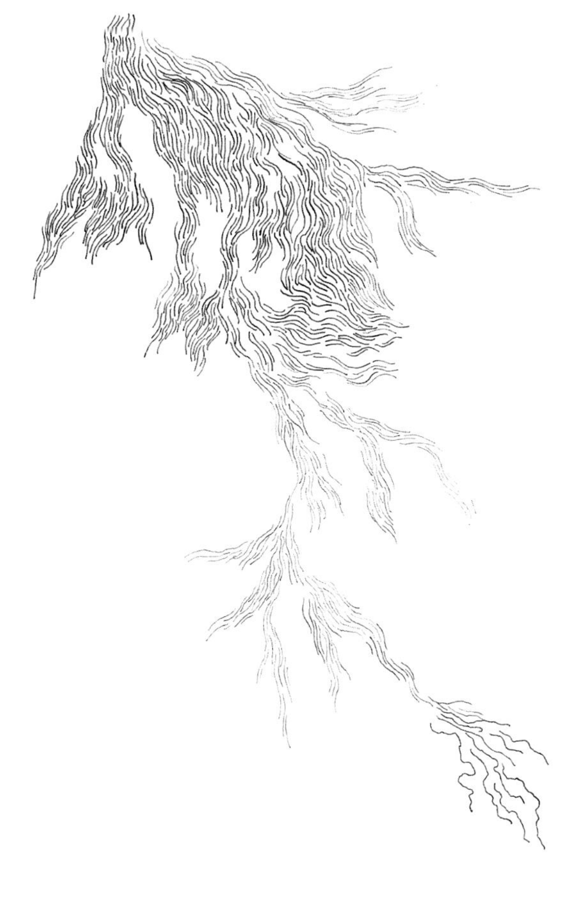

Tausend Flüsse
A Thousand Rivers
2010

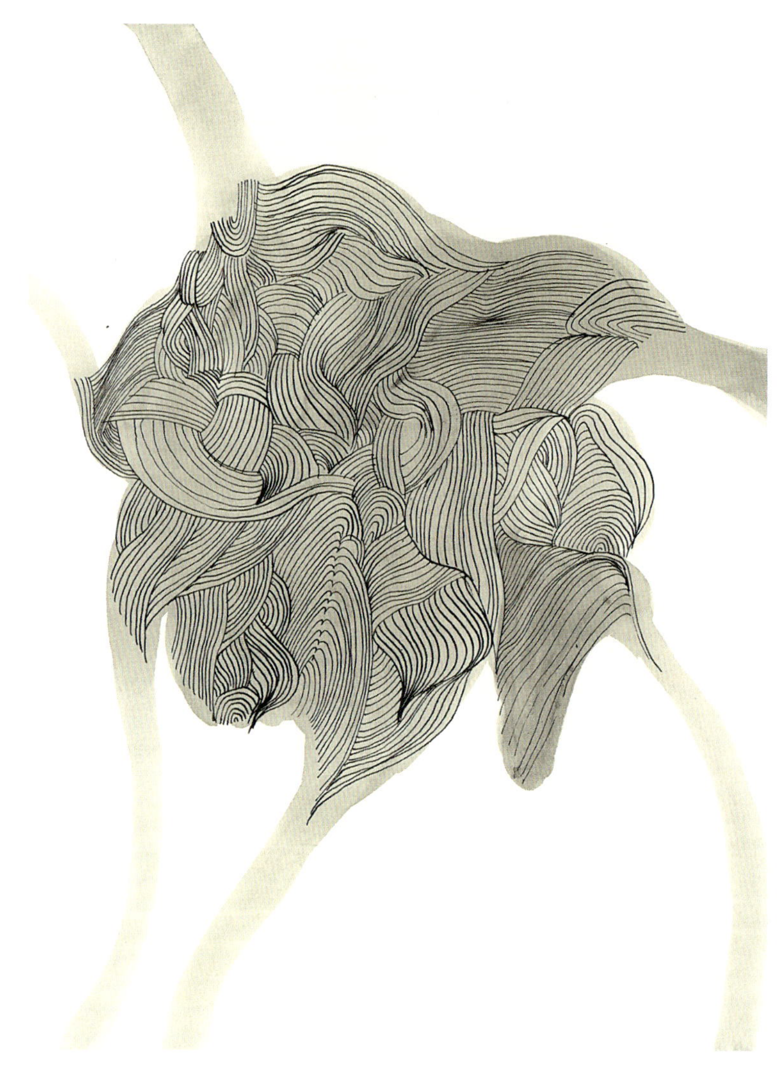

Ohne Titel
Untitled
2009

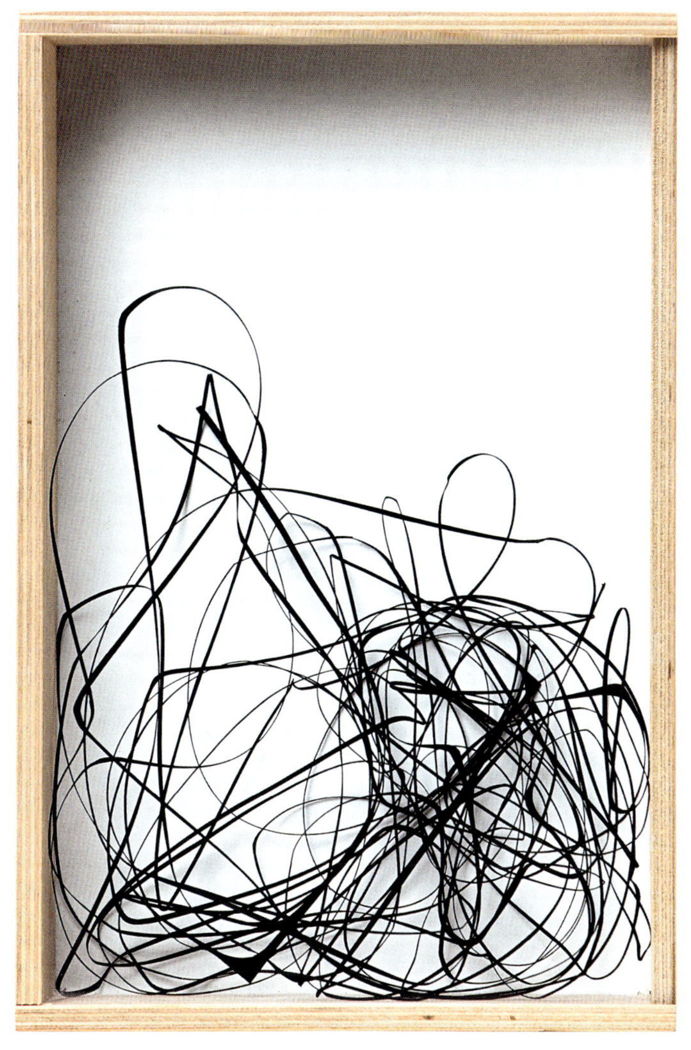

Herz
Heart
2009

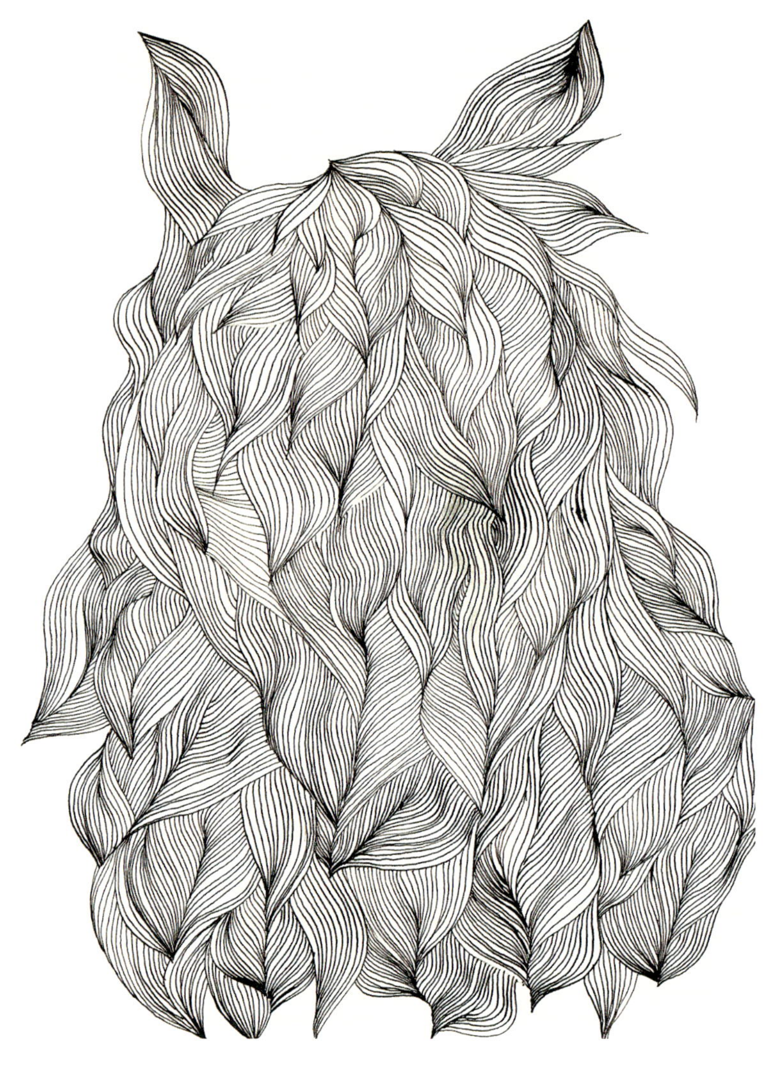

Ohne Titel
Untitled
2010

»Wenn ich einen Piranesi sehe, kommen mir die Tränen …«

Reinhard Spieler im Gespräch mit Alice Musiol

Reinhard Spieler: Du beschäftigst dich in deinen Arbeiten mit deiner eigenen Biografie und deiner Person. Wieso dieser weitgehend ausschließliche Bezug auf dich selbst?

Alice Musiol: Ich kenne mich selbst am besten und das ist die Erfahrungsquelle, aus der ich schöpfe.

RS: Steht deine Person dabei exemplarisch für die Restwelt und ist das, was du an dir selbst beobachtest, letztlich eine Beobachtung der anderen? Bist du noch nicht auf die Idee gekommen, auch andere genau zu beobachten?

AM: Doch, natürlich. Ich beobachte ja schon meine Umwelt, aber das Ergebnis, das künstlerische Ergebnis hat auf jeden Fall auch etwas mit meiner Wenigkeit zu tun. Ich kann nicht etwas filtern, ohne meine Erfahrungen dazugegeben zu haben.

RS: Ist es eine Art Selbsterkenntnis, die dich treibt, oder interessiert dich doch eher die Erkenntnis der anderen und du nimmst nur den Weg über dich selbst, um bei anderen etwas zu erkennen?

AM: Mich treibt schon das Interesse an den anderen, denn ich beschäftige mich mit mir an sich nicht so intensiv. Wenn ich mich mit meiner Biografie auseinandersetze, dann sehe ich mich nicht als Individuum in der Welt, sondern vielleicht als Kosmopolitin und dafür bin ich dann sozusagen als Individuum exemplarisch. Das Thema, mit dem ich mich beschäftige, ist ein soziales oder ein gesellschaftliches und ich bin nur ein Teil davon. Selbstbespiegelung interessiert mich nicht, weil das immer irgendwann ad absurdum führt.

RS: Ein Thema in deiner Arbeit ist das Migrationserlebnis, das Erlebnis der Veränderung, der Umzüge. Warum sind ausgerechnet die vielen Umzüge ein so einschneidendes Erlebnis für dich geworden?

AM: Das Umziehen steht im Grunde symbolhaft für die Wandlungsfähigkeit eines Menschen, und das ist für mich eigentlich das Ideal der menschlichen Existenz: dass der Mensch sich durch seine Mobilität auch im geistigen Sinne immer wieder verändern kann, sich immer wieder verändern sollte, als Prozess der Reifung im positiven Sinne - das ist für mich das Ziel des Lebens.

RS: Hast du die Umzüge eher schmerzhaft erlebt?

AM: Ja, ein Umzug ist wie eine Wandlung. Sie ist immer schmerzhaft. Eine Wandlung ist wie eine Häutung, ein Wegziehen ist wie ein Zurücklassen der bisherigen Lebensumstände. Abschiede sind immer schmerzhaft.

RS: Von manchen Sachen verabschiedet man sich doch auch ganz gerne...

AM: Von unnützen oder hässlichen Dingen zum Beispiel. Oder Sachen, die irgendwo im Keller oder in einer Kiste liegen und die ich seit Jahren nicht mehr gebraucht habe. Ich denke auch immer daran, was von mir bleibt, wenn ich wirklich mal weg bin. Ich möchte nicht, dass jemand meinen Lebens-Müll wegräumen muss. Von diesem Müll verabschiede ich mich auch immer wieder bewusst und sehr gerne. Das ist wie Aufbruch. Wenn ich verreise, dann nehme ich meinen Rucksack und ziehe mit leichtem Gepäck los. Das ist zum Beispiel etwas Schönes. Ziehe ich aber um, dann hinterlasse ich etwas, also ich hinterlasse eine Umgebung und ich weiß, dass ich dorthin nie wieder zurückkehren werde. Dann hat es auch etwas mit Abschied zu tun, und das ist schmerzhaft. Aufzubrechen ist nicht schmerzhaft, das ist natürlich dann das Positive an der Sache, weg oder woanders hinzugehen, was Neues zu erfahren. Das ist schön. Aber Freude und Schmerz sind ganz direkte emotionale Grunderlebnisse und man kann sie nicht werten. Wie Goethe sagt: »Freud muss Leid, Leid muss Freude haben.«

RS: In den letzten 20 Jahren bist du 23-mal umgezogen. Ergibt das bei dir die
Sehnsucht, sesshafter zu werden?

AM: Ich bin ja schon seit mehreren Jahren in Köln, muss aber sagen, dass ich auch innerhalb der Stadt wieder umgezogen bin und ich habe auch schon zweimal das Atelier gewechselt. Ich suche immer nach einer besseren Möglichkeit in meinem Leben.

RS: Auch die Materialien und die Formate, mit denen du arbeitest, sind an dein
Nomadentum angepasst...

AM: Ich betrachte meine Kunst eher so, als würde ich einen Text auf ein Blatt Papier schreiben, d.h., der Inhalt ist mir wichtiger als das Produkt oder als die Massivität eines Produktes. Und so konzipiere ich meine Arbeiten. Wäre ich wortgewandt, wäre ich lieber Schriftstellerin geworden, denn dort befasst man sich nur mit einem virtuellen, fantastischen Raum. Aber da ich das nicht kann, muss ich etwas mit meinen Händen herstellen. Und das, was man mit den Händen herstellt, ist ein materielles Ergebnis - und das versuche ich so klein wie möglich zu halten. Die Inhalte meiner Arbeiten ergeben sich immer aus der konkreten Lebenssituation. So verhält es sich letztlich auch mit dem Material: Wenn ich in der Wüste wäre und kein Material zur Verfügung hätte, könnte ich immer noch mit dem arbeiten, was vor meiner Nase liegt, mit ein paar Steinen oder Sandkörnern. Wenn ich im Wald bin, dann könnte ich in meinem Ideenkomplex auch etwas aus Blättern machen oder aus Zweigen oder ich könnte ein Loch buddeln und etwas ausfüllen...

RS: Du arbeitest oft mit Materialien, die existenziell für unser Leben sind - Brot und Textilien zum Beispiel. Beim Brot fällt auf, dass du spezifische Sorten wie Knäckebrot und Toastbrot verwendest. Wieso ausgerechnet diese Brotsorten und nicht normales Brot?

AM: Dieses Brot ist quasi Konfektionsware, wurde von einer Maschine hergestellt. Deswegen habe ich dazu keinen emotionalen Bezug, und es ist für mich wie ein Werkzeug aus dem Baumarkt, das ich dann wie ein ganz normales Material verwende. Natürlich weiß ich, was für eine Bedeutung das Brot für die Gesellschaft hat. Das Brot, das ich verwende, ist aus Weizen und hat den geringsten Nährwert, das Sättigungsgefühl ist nur von kurzer Dauer. Von daher finde ich es neutral genug, um es künstlerisch verarbeiten zu können. Bei den Brotarbeiten spielt Vergänglichkeit eine große Rolle, und bei den Salzstangen ganz besonders die Zerbrechlichkeit.

RS: Spielt auch die spezifische Form eine Rolle, also etwa dass Knäckebrot und Toastbrot rechteckig sind?

AM: Ja, diese Form steht für die unpersönliche Herstellung, hat nichts Individuelles oder Organisches. Ein anderer Aspekt dabei: In dieser Form finde ich diese Waren in ganz Europa und sogar außerhalb von Europa wieder. Mich interessiert dabei das Verhältnis von Individualität und Massentauglichkeit.

RS: Wie gehst du mit dem physischen Verfall solcher Werke aus Brot um?

AM: Während der Ausstellungsdauer sind die Arbeiten eigentlich nicht geschützt, aber sie sind in dem Sinne solange haltbar, bis eine Ausstellung beendet ist. Aber schützen muss ich sie nicht. Ansonsten kann ich sie jederzeit wieder neu machen. Wenn ich eine Ausstellungsmöglichkeit in den USA habe, dann gehe ich dort in den Supermarkt und finde die gleichen Produkte wieder wie in Europa. Vielleicht ist in den USA die Größe des Toastbrotes etwas anders - dann verändern sich die Arbeiten entsprechend.

RS: Aber es hat einen Nachteil, dass du alte Arbeiten eigentlich immer wieder neu machen musst und das wie einen Ballast mit dir herumschleppst.

AM: Ich habe ja viele Arbeiten z. B. aus Stoff oder Zeichnungen, die die

Ausstellung auf jeden Fall überdauern und die ich nicht wieder neu anfertigen muss.

Ansonsten passe ich meine Konzepte an die Situation an. Wenn ich in einem dunklen, feuchten Keller ausstelle, verwende ich Materialien, die dort auch hinpassen. Dann würde ich etwas mit Styropor machen, weil ich wüsste, dass die Arbeit da nicht angegriffen wird von der Luftfeuchtigkeit.

AM: Bei den Salzstangen- oder Toastbrotinstallationen wünschte ich mir schon, dass ich da Hilfe hätte. Ist es jetzt eine Zeichnung oder eine gestickte Arbeit, dann muss ich diese auf jeden Fall selbst ausführen, denn das ist eine intime Angelegenheit und jeder Stich, den ich mache - das ist dann eben auch mein Stich. Bei einem Toastbrothaus fällt es natürlich nicht auf, wer dieses Haus nun gebaut hat. Tendenziell mache ich aber alles selbst, alles, auch dieses Toastbrothaus bauen oder Salzstangen stecken, da steckt dann auch etwas von mir drin und da steckt auch die Zeit drin, die ich aufwende, um etwas herzustellen. Und schließlich spielt auch das Denken während dieser Zeit eine Rolle und ich entwickle, während ich eine Installation herstelle, auch wieder Ideen für neue Arbeiten und so ist es für mich keine vergeudete Zeit.

AM: Das stört mich schon ein wenig, denn ich finde, dass Handarbeit eigentlich nichts Weibliches ist. Das Schneiderhandwerk war zum Beispiel immer in Männerhand.

AM: Das hängt vielleicht damit zusammen, dass Frauen eine zartere Hand haben als Männer. Aber ich glaube, auch Männer haben gestickt und ich kenne auch Männer, die sticken. In unserem Jahrhundert hat die Handarbeit durch die Emanzipation so einen negativen Beigeschmack bekommen, sodass die geistigen Werte einer Frau wichtiger sind als das, was sie eben mit der Hand macht. Ehrlich gesagt interessiert mich die Emanzipation überhaupt nicht. Ich sehe mich als emanzipierte Frau und ich muss jetzt für Niemanden mehr kämpfen, und ich muss mich für Nichts rechtfertigen. Ob ich jetzt einen Schal stricke oder ob ich eine Doktorarbeit geschrieben habe über das Stricken, interessiert mich in meiner künstlerischen Art überhaupt nicht. Und wenn ich morgen beschließe, den Mount Everest zu besteigen, dann mache ich das auch. Vielleicht nehme ich mir dann für die Musestunden auf dem Mount Everest ein Blatt Papier und Stifte mit - und ein Taschentuch, das ich dann besticke. Also für mich ist das auch eine Form von Entspannung. Ich finde jedenfalls, Handarbeit ist eine wertvolle Tätigkeit, und ich schätze sie nicht geringer als geistige Arbeit. Malerei oder Bildhauerei ist auch Handarbeit.

AM: Tendenziell mag ich lieber Orte, die schon belebt waren oder an denen irgendwie gelebt wurde. Da spüre ich eine bestimmte Vergangenheit, in die ich meine Arbeiten einfügen kann, besser als in einem musealen Kontext.

Ein Museum hat für mich den Charme einer Garage, in der ich etwas vorübergehend einfach nur parke. Die Arbeit wird dort im Grunde nur auf dieses Produkt reduziert; schöner fände ich es, wenn man Off-Räume nutzt, in denen Geschichte präsent ist, die sich mit den Objekten verbindet. Ich bespiele gerne Häuser, in die ich sozusagen vorübergehend ein- und nach der Ausstellung wieder ausziehe. Die Rudolf-Scharpf-Galerie hier in Ludwigshafen ist auch ein ehemals bewohntes Haus, und als ich dort das erste Mal gewesen bin, habe ich das auch direkt im Auge gehabt. Es ist kein Ausstellungsort im klassischen Sinne. Es ist ein leeres Wohnhaus. Das war der Charme, mich auf dieses Haus als Haus einzulassen.

AM: Die meisten Künstler, die ich sehr schätze, sind schon tot. Grafische Arbeiten und die Schwarzen Bilder von Goya finde ich ergreifend. Ich mag auch Breughel sehr gern. Hat aber in dem Sinn nicht viel mit meiner Arbeit zu tun, aber die sperrigen Künstler sprechen mich eher an.

AM: Ihre Thematik ist ganz anders als meine und sie beschäftigt sich ja auch eher mit der Frauenrolle aus emanzipatorischer Sicht. Als Künstlerin schätze ich sie schon sehr, aber dieses Thema ist kunsthistorisch für mich durch und ich sehe meine eigene Arbeit eher als eine befreite oder selbstverständliche Emanzipation an. Hier spielt der Mensch an sich eine Rolle und wird nicht durch das Geschlecht definiert. William Kentridge schätze ich sehr. Wie er mit minimalistischen Mitteln Filme umsetzt, finde ich faszinierend. Auch inhaltlich gefällt mir seine Arbeit sehr gut - sie hat immer einen politischen Bezug zu der Umgebung, in der er lebt und arbeitet. Louise Bourgeois' konsequentes Werk mag ich auch. Aber wie gesagt, interessieren mich auch noch viele ältere Künstler. Wenn ich einen Piranesi sehe, kommen mir die Tränen. Giotto, das sind eben Meister.

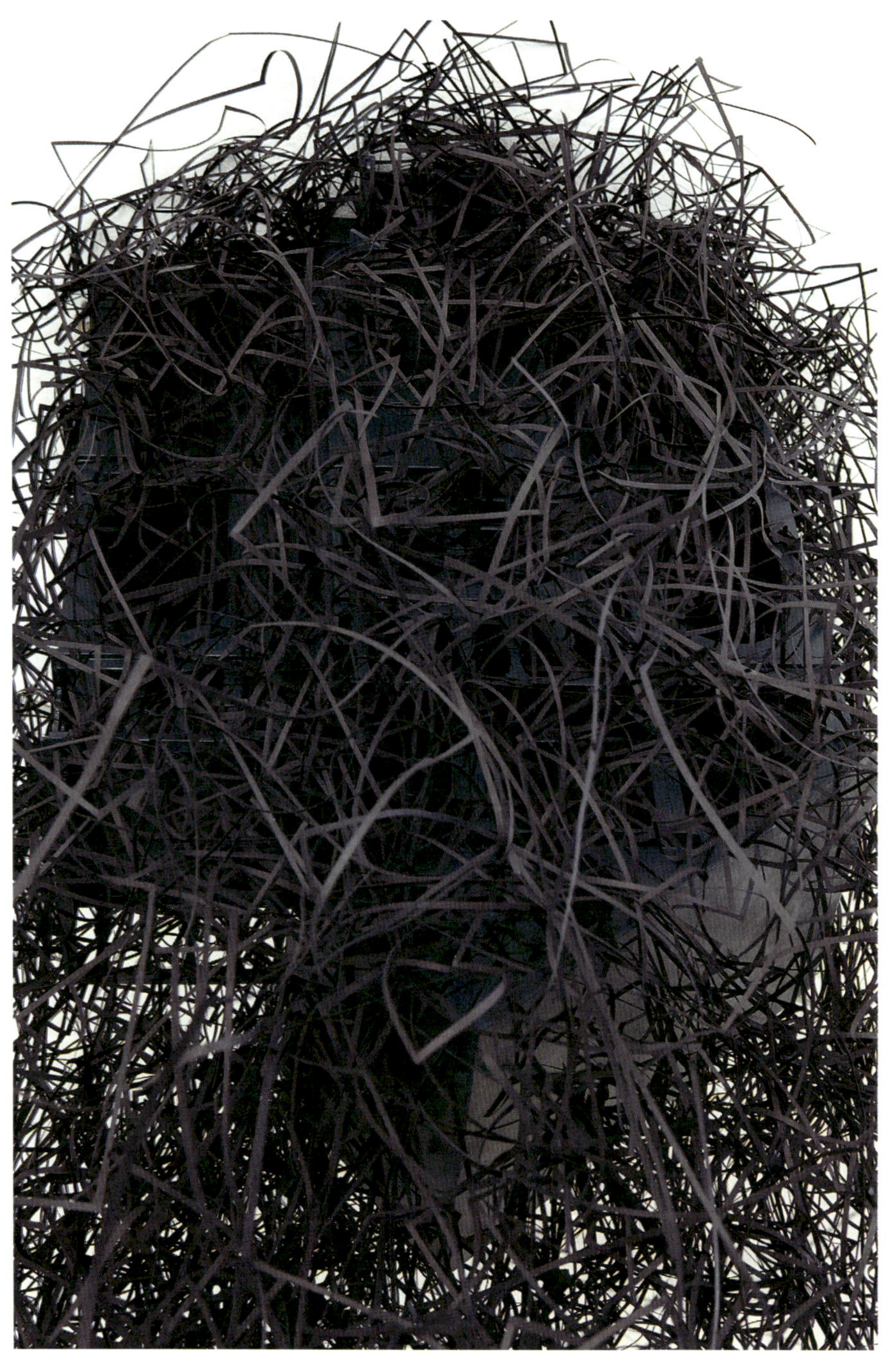

Ohne Titel (Detail)
Untitled (detail)
2010

"When I see a Piranesi
I get tears in my eyes"

A conversation with Alice Musiol

Reinhard Spieler: Your are preoccupied with your biography and yourself as a person in your work. What explains this almost exclusive self-referencing?

Alice Musiol: I know myself best and that is the source of experience from which I create.

RS: Are you emblematic of the rest of the world and is that what you observe within yourself not ultimately an observation of others? Haven't you ever had the idea to also closely examine those around you?

AM: Yes, of course. I do observe my environment but the result well, the artistic result, is always linked to my own humble self. I can't filter something without having added my own experience.

RS: Is it a form of self-knowledge that drives you or is it rather the recognition of others and you simply choose the route of self-exploration as a way of identifying the observed?

AM: I am driven by my interest in others because I'm not actually that intensely preoccupied with myself. When I consider my biography I don't view myself as an individual in the world but rather as something like a cosmopolitan and, in that sense, my individuality is emblematic. The subject that I engage with is sociological or societal and I'm just a part of it. Self-reflection doesn't interest me because at a given point it becomes absurd.

RS: One theme of your work is the experience of migration, of change and moving. How come out of all things your numerous moves have come to represent such a decisive experience for you?

AM: Basically, moving symbolically stands for humans' capacity for transformation and that, for me, is actually the ideal of human existence, i.e. the fact that humans, thanks to their mobility, can continuously change also intellectually, and should do so as part of maturing, in the positive sense, and that for me is the goal in life.

AM: Yes, moving is like a transformation. As such it is always painful. Transforming is like shedding skin, moving away is like leaving behind our life's circumstances as they were up until then. Saying goodbye always hurts.

AM: Useless or ugly things for example. Or things that lie around somewhere in the basement or in boxes and things I haven't used in years. I also always think of what will remain of me the day I'll really be gone. I don't want anyone to have to sort through my life's junk. I separate myself from this kind of junk regularly and do this very consciously and willingly. It's like a departure.

When I travel I take a backpack and set off with little luggage. That, for example, is nice. But when I move I leave something behind, including my surroundings, and I know that I'll never return. It's a form of parting and that's painful. Setting off doesn't hurt, that is of course the positive thing about moving away or going somewhere else, about experiencing something new. It's nice. But joy and pain are very direct, fundamental emotional experiences and one can't quantify them. Like Goethe said, "Joy needs pain and pain needs joy."

AM: Well, I've been in Cologne for several years now, although I must admit that I've moved within this city and have also already changed my studios twice. I always look for a better opportunity in my life.

AM: I actually consider my art as if I were writing a text on a piece of paper, that is to say the content is more important to me than the product or the massiveness of a product. That is how I conceptualize my work. If I were good with words, I'd have preferred becoming a writer because that is when you're engaged with a virtual, fantastical space. But since I can't do that I have to create something with my hands. And that which one makes with one's hands has a material result - which I try to keep as small as possible. The contents of my works always originate from concrete life situations. In the end of the day that's what happens with my materials too. If I were in the desert and I didn't have any supplies at my disposal I'd still be able to work with whatever's in front of my nose, with a few stones or with grains of sand. If I were in a forest I could create something within the realm of my ideas from leaves or twigs, or I could dig a hole and fill it with something...

AM: These breads are practically mass products. Machines have made them. That's why I have no emotional relationship to them and they're like tools from a DIY store that I use like completely commonplace materials. Of course I know what meaning bread has for our society. The bread I use is made from wheat and has the lowest nutritional value. The feeling of satiation doesn't last long. That is why I find it neutral enough to use it artistically. With the bread works transience plays an important role, and with the salt sticks it's their brittleness.

AM: Yes, that shape stands for impersonal fabrication. It has nothing personal or organic. Another aspect is that I can find products this shape all over Europe and even outside of Europe. I'm interested in the relationship between individuality and suitability for the masses.

AM: For the duration of the exhibition the artworks aren't really protected but they basically last as long as the exhibition does. They don't need to be protected. If necessary I can always make them again. When I've got an exhibition opportunity in the USA I go to the supermarket there and find the same products as in Europe. The size of toast might be slightly different - and the works change accordingly.

AM: Well, I do have many works for example out of textile or drawings that definitely outlast the exhibition and that I don't have to make again. Other than that I always adapt my concept to the context. If I exhibit in a dark, humid basement I'll use materials that go with that place. I'd make something out of polystyrene because I'd know that the piece wouldn't be affected by air moisture.

AM: With the salt stick or toast installations I do wish I had some help. If it's a drawing or an embroidered piece I definitely have to execute it myself because then it's an intimate thing and every prick that I make, well, is my prick. Of course with a toast house you can't tell who built the house. But generally I do everything myself, everything including building the bread house or putting in the salt sticks, then I've "put in" a part of myself too as well as of the time I take to make something. And finally my thoughts during this time play a part. While creating these installations I develop new ideas for new works so it's never time lost.

RS: *Embroidery is pretty heavily associated with gender stereotypes. Does that kind of bother you or do you, on the contrary, actually seek that out?*

AM: It does bother me a little bit actually because I feel that handcrafts aren't actually something feminine. Tailors' handicraft for example was always typically masculine.

RS: *That's true for tailor work but not really for embroidery...*

AM: It might have something to do with the fact that women have softer hands than men. But I think men have also embroidered and I know men who embroider. In our century and due to emancipation handcraft has gotten this negative aftertaste and intellectual capacities of a woman have become more important than what she does with her hands. To be honest I'm not at all interested in emancipation. I consider myself an emancipated woman and I don't have to fight for anyone anymore, I don't need to justify anything. Whether I knit a scarf or whether I write a PhD thesis on knitting doesn't interest me a bit from an artistic point of view. And if tomorrow I were to decide to climb Mount Everest, then I'll do that too. I might take paper and pencil with me for my idle hours on Mount Everest - as well as a handkerchief that I'd then embroider. So for me it's a form of relaxation. In any case, I think that handcraft is a precious occupation and I don't value it any less than intellectual activity. Painting or sculpture is also handcraft.

RS: *A question regarding the places in which you show your art. Do they play a role for you?*

AM: Generally speaking I prefer places that have been inhabited or have somehow been lived in. Then I can sense a past which I can slip my work into much more easily than into a museum´s context.

For me, museums have all the charms of a garage in which I just temporarily park something. There, the artwork is basically reduced to this kind of product. I prefer when off sites are used that have a history that connects with the objects. I like installing my work in houses where I can so to say "move in" temporarily and "move out" after the exhibition. The Rudolf-Scharpf Gallery here in Ludwigshafen is also a formerly inhabited house and when I was here the first time I was very aware of that. It isn't an exhibition space in the classic sense. It's an empty house. That was the attraction of engaging with this space as with a house.

RS: *Are there some artists that are particularly important to you?*

AM: Most artists that I value particularly are already dead. The graphic works and black paintings by Goya really grip me. I also like Breughel a lot. They don't really have much to do with my work but those artists tend to strike a chord.

AM: Her subject matter is completely different to mine and she tends to examine the role of women from a feminist point of view. As an artist I appreciate her a lot but art historically speaking this subject has been dealt with and I view my own work as being a liberated or natural form of emancipation. Humans play an important part us such and aren't de-fined by gender. I value William Kentridge a lot too. The way he makes films with minimal means fascinates me. I also appreciate his work a lot in terms of content. It always has a political link to the environment in which he lives and works. I also like Louise Bourgeois' extensive body of work. But, like I said, many old masters interest me too. When I see a Piranesi I get tears in my eyes. Giotto. They're true masters.

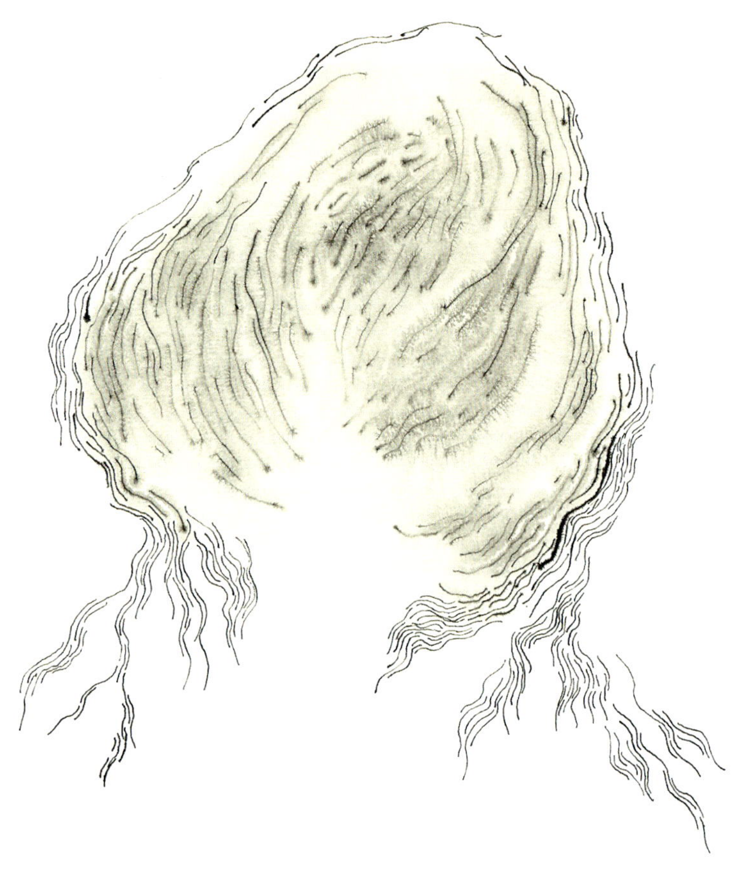

Ohne Titel
Untitled
2010

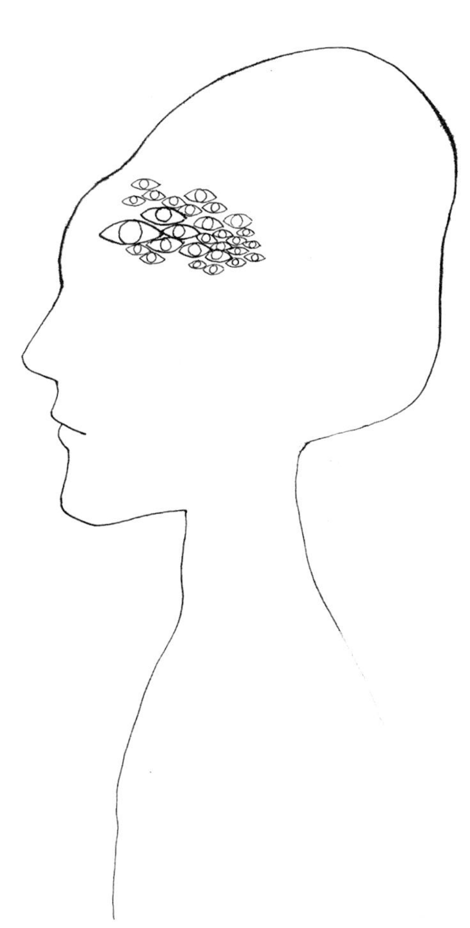

Blindgang
Blind Alley
2010

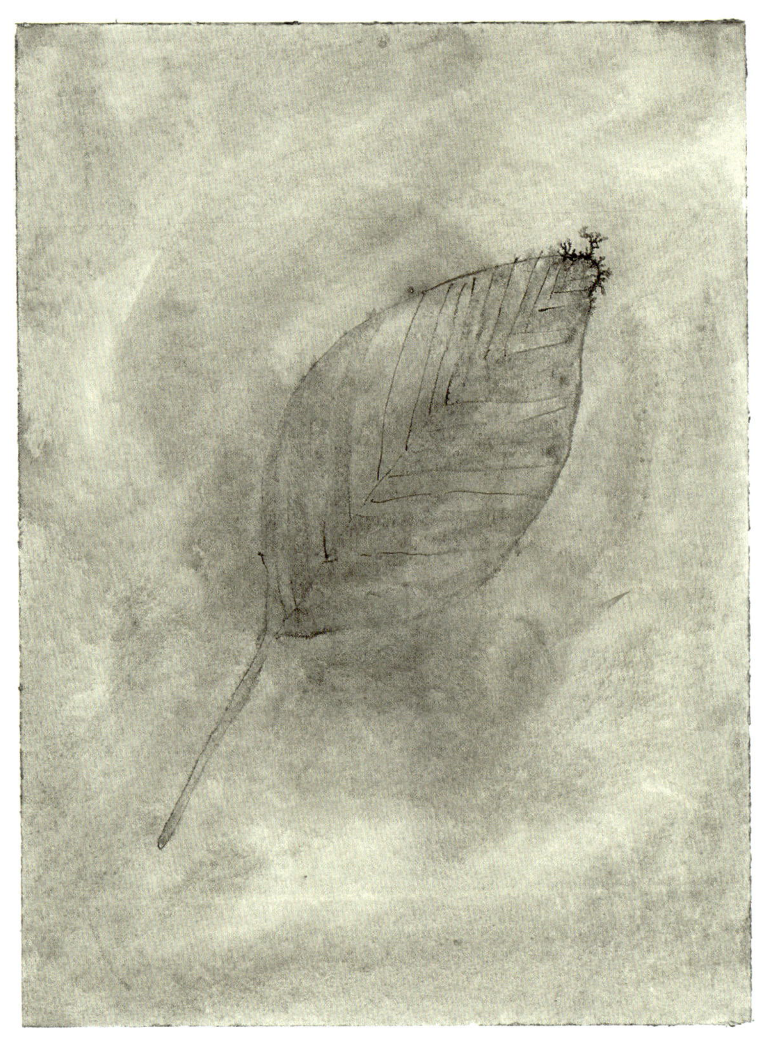

Ohne Titel
Untitled
2010

Katalogabbildungen /
list of works

Ohne Titel, 2010
Tusche auf Papier
30 x 24 cm
Untitled, 2010
Indian ink on paper
11.8 x 9.4 in.
S. / P. 25

Ohne Titel, 2010
Holz, Lack, Karton
170 x 130 x 110 cm
Untitled, 2010
Wood, gloss paint, cardboard
66.9 x 51.2 x 43.3 in.
S. / P. 27, 74

Treibgut, 2010
Holz, Gras, Lack, Blattgold
60 x 30 x 23 cm
Floatsam, 2010
Wood, grass, gloss paint, gold leaf
23.6 x 11.8 x 9.1 in.
S. / P. 28

Ohne Titel, 2010
Tusche auf Papier
30 x 24 cm
Untitled, 2010
Indian ink on paper
11.8 x 9.4 in.
S. / P. 29

Ohne Titel, 2009
Zweig, Buntstift auf Karton,
Glas, Wäscheklammern
80 x 76 x 45 cm
Untitled, 2009
Branch, coloured crayon on
cardboard, glass, clothes pins
31.5 x 29.9 x 17.7 in.
S. / P. 31

Oft geklebt, seit 1968
Lampe mit Holzfuß und
Lampenschirm, Kabelstecker
47 x 19 x 17 cm
Often Stuck, Since 1968
Lamp with wooden base and
lampshade, cable plug
18.5 x 7.5 x 6.7 in.
S. / P. 32

Unter freiem Himmel, 2010
Streichholzschachteln, Kleber
49 x 51 x 10,5 cm
Under Open Skies, 2010
Matchboxes, glue
19.3 x 20 x 4.1 in.
S. / P. 33

Happy Birthday, 2010
Knäckebrot, Konfetti
Größe variabel
Happy Birthday, 2010
Crisp bread, confetti
Adjustable in size
S. / P. 34, 35

Zurück, 2010
Stoff, Stickgarn
177 x 125 x 15 cm
Back, 2010
Fabric, embroidery yarn
69.7 x 49.2 x 5.9 in.
S. / P. 37

Ohne Titel, 2010
Samtstoff, Gardinenstange
300 x 900 x 130 cm
Untitled, 2010
Velvet, curtain rod
118.1 x 354.3 x 51.2 in.
S. / P. 38, 39

Landschaft, 2010
Modelliermasse
24 x 18 x 8,5 cm
Landscape, 2010
Modelling compound
9.4 x 7.1 x 3.3 in.
S. / P. 40

If Dead Dial Hell, 2010
Bleistift auf Papier / Spiralblock
30 x 24 x 2,5 cm
If Dead Dial Hell, 2010
Pencil on paper / spiral-bound
notebook
11.8 x 9.4 x 1.0 in.
S. / P. 41

Ha Ha Ha Aha Ha Ha, 2010
Baumstoff, Strickgarn (Detail)
148 x 238 cm
Ha Ha Ha Aha Ha Ha, 2010
Cotton, embroidery yarn (detail)
58.3 x 93.7 in
S. / P. 41

When Tears Don't Cry
(Rückseite, Vorderseite), 2010
Stoff, Stickgarn
195 x 144 cm
When Tears Don't Cry
(Back / Front), 2010
Fabric, embroidery yarn
76.7 x 56.7 in.
S. / P. 42, 43

Ich habe einen Namen
Ich habe keinen Namen, 2009
Stoff, Stickgarn, Stickrahmen
je 43 x 43 x 1 cm
I Have A Name
I Have No Name, 2009
Fabric, embroidery yarn,
embroidery frame
16.9 x 16.9 x 0.4 in. each
S. / P. 44, 45

Revolution, 2002
Video (Loop)
Dauer: 5:00 min
Revolution, 2002
Video (loop)
Duration: 5:00 min
S. / P. 46, 47

Ohne Titel, 2010
Leder, Metall, Karton
170 x 50 x 34
Untitled, 2010
Leather, metal, cardboard
66.9 x 19.7 x 13.4 in.
S. / P. 49

Blick aus dem Fenster, 2010
Tusche auf Papier
31 x 23 cm
View From The Window, 2010
Indian ink on paper
12.2 x 9.1 in.
S. / P. 55

Ohne Titel, 2010
Tusche auf Papier
31 x 23 cm
Untitled, 2010
Indian ink on paper
12.2 x 9.1 in.
S. / P. 56

Zartes Gesicht, 2010
Tusche auf Papier
31 x 23 cm
Tender Face, 2010
Indian ink on paper
12.2 x 9.1 in.
S. / P. 57

Tapete, 2010
Tusche auf Papier
40 x 30 cm
Wallpaper, 2010
Indian ink on paper
15.7 x 11.8 in.
S. / P. 58

Gut gelaunt im Regen, 2010
Tusche auf Papier
31 x 23 cm
Cheerful In The Rain, 2010
Indian ink on paper
12.2 x 9.1 in.
S. / P. 59

Selbstporträt, 2010
Tusche auf Papier
32 x 24 cm
Self Portrait, 2010
Indian ink on paper
12.6 x 9.4 in.
S. / P. 60

Kopf eines Jungen mit
geschlossenen Augen, 2009
Tusche auf Papier
30 x 24 cm
Boy With Eyes Closed, 2009
Indian ink on paper
11,8 x 9.4 in.
S. / P. 60

Gesicht einer kleinen Frau, 2010
Tusche und Gouache auf Papier
31 x 23 cm
Face Of A Small Woman, 2010
Indian ink and gouache on paper
12.2 x 9.1 in.
S. / P. 61

Mündung, 2010
Tusche auf Papier
32 x 24 cm
Outlet, 2010
Indian ink on paper
12.6 x 9.4 in.
S. / P. 62

Ungekämmt, 2010
Tusche auf Papier
31 x 23 cm
Unkempt, 2010
Indian ink on paper
12.2 x 9.1 in.
S. / P. 63

Ohne Titel, 2009
Tusche auf Papier
31 x 23 cm
Untitled, 2009
Indian ink on paper
12.2 x 9.1 in.
S. / P. 64

Tausend Flüsse, 2010
Tusche auf Papier
31 x 23 cm
A Thousand Rivers, 2010
Indian ink on paper
12.2 x 9.1 in.
S. / P. 65

Ohne Titel, 2009
Tusche auf Papier
31 x 23 cm
Untitled, 2009
Indian ink on paper
12.2 x 9.1 in.
S. / P. 66

Herz, 2009
Karton, Holzkasten
mit Glasscheibe
30,8 x 20,3 x 7,8 cm
Heart, 2009
Cardboard, wooden box
with glass panel
12.1 x 8 x 3 in.
S. / P. 67

Ohne Titel, 2010
Tusche auf Papier
31 x 23 cm
Untitled, 2009
Indian ink on paper
12.2 x 9.1 in.
S. / P. 68

Ohne Titel, 2010
Tusche auf Papier
30 x 24 cm
Untitled, 2010
Indian ink on paper
11.8 x 9.4 in.
S. / P. 80

Blindgang, 2010
Tusche auf Papier
32 x 24 cm
Blind Alley, 2010
Indian ink on paper
12.6 x 9.4 in.
S. / P. 81

Ohne Titel, 2010
Tusche auf Papier
32 x 24 cm
Untitled, 2010
Indian ink on paper
12.6 x 9.4 in.
S. / P. 82

Alice Musiol

1971   geboren / *born* in
       Kattowitz, Polen / *Poland*
1981   Übersiedlung in die BRD /
       move to West Germany
       Studium / *Study*
1993-96   Academie Beeldende
       Kunsten, Maastricht
1995/96   Nuova Accademia
       di Belle Arti, Mailand
1996-99   Kunstakademie in
       Düsseldorf bei A.R. Penck,
       Meisterschülerin

Preise und Stipendien /
Grants

1998   Kunstpreis der Stadt Bonn
1999   Transfer, Künstleraustausch
       Nordspanien/NRW des
       Kultursekretariats NRW
2001-02   Atelierstipendium der
       Stadt Bonn
2003   Projektstipendium der Kunst-
       stiftung NRW, Aufenthalt in
       Kanada
2006   Stipendium für Bildende
       Künstlerinnen mit Kindern
       ohne Wohnortwechsel des
       Landes NRW
2010   Stipendium 17. Bildhauer-
       werkstatt Künstlergut Prösitz

1998   Faule Nästwärme, Kunst-
       museum in der Tonhalle,
       Düsseldorf
1999   über leben, Kunstpreis der
       Stadt Bonn 1998, Kunst-
       museum Bonn (K)
2000   ausgezogen, plan.d,
       Produzentengalerie,
       Düsseldorf
2002   Die innere Unsicherheit,
       Kontor in der Schneiderei,
       Köln
2003   About Alice, Peak Gallery,
       Toronto
2004   Stickstoff, Westfälisches
       Industriemuseum/
       Textilmuseum Bocholt (K)
2005   Displace, AnBau 35, Bonn
2006   Instinkt, gip contemporary,
       Zürich
2006   Heimkraut, Wilfried von
       Gunten, Projektraum für
       zeitgenössische Kunst, Thun
2007   Monolog, Galerie Heinz
       Bossert, Köln
2008   rudimentum, Cuxhavener
       Kunstverein (K)
2008   Salon, Kunstraum 28/30, Köln
2008   Liebe und Bitterkeit, Galerie
       Peter Tedden, Düsseldorf
2009   Galerie Heinz Bossert, Köln
2010   When Tears Don't Cry, Rudolf-
       Scharpf- Galerie,
       Ludwigshafen (K)
2010   dis>play, Wilhelm-Hack-
       Museum, Ludwigshafen
2011   When Tears Don't Cry,
       Galerie der Stadt Remscheid

1997   Luisenstraße 25, Ateliers der
       Klasse A. R. Penck, Düsseldo
1997   auspolen, Polnisches Institut
       Düsseldorf (K)
1998   plan d. Produzentengalerie,
       Düsseldorf
2000   Transfer, Centro Galego
       de Arte Contemporánea,
       Santiago de Compostela (K)
2000   Transfer, Centro Cultural
       Cajastur, Palacio Revilla-
       gigedo, Gijón
2001   Transfer, Sala de Exposicion
       REKALDE, Bilbao
2001   Transfer, Städtisches Museu
       Schloss Morsbroich,
       Leverkusen
2001   Transfer, Zeche Zollverein,
       Essen
2001   selbst/ porträt, KunstRaum,
       Drochtersen-Hüll / Schloss
       Agathenburg (K)
2003   Künstler sehen Rot, Große
       Kunstausstellung 2003,
       Haus der Kunst, München (
2004   Diamonds..., Galerie im Park
       Burgdorf (CH)
2004   5th International Art Meeting
       Galeria Sztuki Współczesne
       BWA, Katowice/ Galeria
       Krzysztofory, Kraków (K)
2005   KölnKunst 7, Colonius Carré,
       Köln (K)
2007   Happy End in Hell, Gloria-
       Halle, Düsseldorf
2007   Inferno in Paradise, Alexand
       Ochs Galleries Berlin/Beijin
2009   Zeit zeitlos, KunstFilmBienn
       Galerie Bossert, Köln
2009   Anonyme Zeichner N° 10,
       Kunstraum Kreuzberg/
       Bethanien, Berlin
2010   64. Bergische Kunstausstellu
       Kunstmuseum Baden,
       Solingen, Galerie der Stadt
       Remscheid (K)

Kataloge / Catalogs
Auswahl / Selection

rudimentum
  Cuxhavener Kunstverein (EA)
  2008

Zerbrechliche Paradiese
  (Faltblatt im Schuber, Stipendia-
  tinnen) Stipendium für Bildende
  Künstlerinnen mit Kindern ohne
  Wohnortwechsel des Landes
  NRW
  2007

Stickstoff
  Westfälisches Industriemuseum/
  Textilmuseum Bocholt (EA)
  2004

selbst/ porträt
  KunstRaum, Drochtersen-Hüll /
  Schloss Agathenburg (GA)
  2001

Transfer
  Künstleraustausch Nordspa-
  nien/NRW des Kultursekretariats
  NRW (GA)
  2000

ausgezogen
  plan.d. produzenten-
  galerie (Faltblatt) (EA)
  2000

über leben
  Kunstpreis der Stadt Bonn
  1998
  Kunstmuseum Bonn (EA)
  1999

Artikel /Articles
Auswahl / Selection

Nicola Marian Taylor
  Alice Musiol. Au surlendemain
  des dernières avant-gardes.
  Université Paris I,
  Panthéon Sorbonne
  (Diplomarbeit, 2. Masterjahr)
  2008

Nicola Marian Taylor
  Contre-Coutures. De fil en aiguille
  dans l'art contemporain.
  Université Paris I, Panthéon
  Sorbonne (Diplomarbeit,
  1. Masterjahr)
  2007

Reinhard Spieler
  Faule Nästwärme, Idylle und
  Apokalypse bei Alice Musiol
  in: Kunstforum, Band 179
  2006

Der Katalog erscheint anlässlich der Ausstellung / this catalog is published on the occasion of the exhibition Alice Musiol. When Tears Don't Cry

Rudolf-Scharpf-Galerie, Projektgalerie für junge Kunst des Wilhelm-Hack-Museums Ludwigshafen am Rhein, 11.9. - 19.12.2010

Galerie der Stadt Remscheid 15.1. - 15.3.2011

Ausstellung / Exhibition

Wilhelm-Hack-Museum
Berliner Str. 23
D-67059 Ludwigshafen am Rhein
T. +49 (0)621-504 3045, -3411

Ausstellung / Exhibition
Alice Musiol, Judith Elisabeth Weiss

Kunstvermittlung, Presse /
Art mediation, press
Theresia Kiefer

Ausstellungstechnik /
Technical support
Udo Baur

Galerie der Stadt Remscheid
Scharffstr. 7-9
D-42853 Remscheid
T. +49 (0)2191-162 798

Konzeption / Concept
Alice Musiol, Oliver Zybok

Organisation / Organization
Tom Horn

Künstlerischer Leiter / Artistic Director
Oliver Zybok

Kuratorische Assistenz /
Curatorial Assistance
Tom Horn

Verwaltung / Administration
Norbert Hoffmann, Uwe von Lonzky

Ausstellungstechnik / Technical support
Thomas Hermann

Mit freundlicher Unterstützung der Übersetzung durch Galerie Peter Tedden / Translation is kindly supported by Gallery Peter Tedden

Katalog / Catalog

Herausgeber / Publisher
Reinhard Spieler

Konzept / Concept
Alice Musiol, Judith Elisabeth Weiss

Gestaltung / Design
Anna Węsek, buchtypo

Übersetzung /
English translation
Nicola Marian Taylor

Lektorat / Copyediting
Judith Elisabeth Weiss
Anika Skotak

Fotos / Photos / Scans
Lichtbildwerke, Thomas Schäkel
Jan van der Most

Coverabbildung /
Cover illustration
Alice Musiol,
When Tears Don't Cry
(Detail), 2010

ISBN 978-3-86678-430-7

Kerber Verlag

Gesamtherstellung und Vertrieb /
Printed and published by
Kerber Verlag, Bielefeld
Windelsbleicher Str. 166-170
33659 Bielefeld, Germany
Tel. +49 (0) 5 21/9 50 08-10
Fax +49 (0) 5 21/9 50 08-88
info@kerberverlag.com
www.kerberverlag.com

Kerber, US Distribution
D. A. P., Distributed Art
Publishers, Inc.
155 Sixth Avenue, 2nd Floor
New York, NY 10013
Tel. +1 212 6 27 19 99
Fax +1 212 6 27 94 84

Die Deutsche Nationalbibliothek verzeichnet diese Publikation in der Deutschen Nationalbibliografie; detaillierte bibliografische Daten sind im Internet über http://dnb.d-nb.de abrufbar. / The Deutsche Nationalbibliothek holds a record of this publication in the Deutsche Nationalbibliografie; detailed bibliographical data can be found under: http://dnb.d-nb.de.

© 2010 Kerber Verlag, Bielefeld/Leipzig/Berlin, Autoren, Herausgeber und Künstlerin, Authors, Publisher and Artist

Printed in Germany

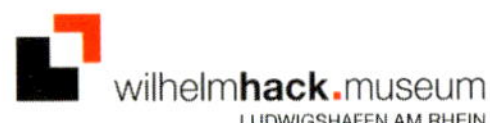
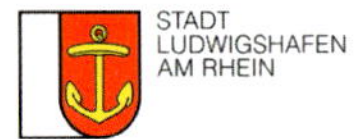